I0756685

ASOCIACIONISMO BLANDO Y PARTICIPACIÓN A LA CARTA

MÁS ALLÁ DE TODA DEMOCRACIA CONOCIDA

III parte de la pentalogía
EL AMANECER DE UNA DEMOCRACIA INESPERADA

Luis de la Rasilla

II edición en papel con acceso libre a la versión digital en *pdf*
2021

A mis nietos Julia, Margarita, Ignacio y Cristina Rya, con el deseo de que, desde la privilegiada atalaya que sus padres les preparan, no olviden que el futuro debe ser compartido en libertad, igualdad y fraternidad [1]

---

[1] La dedicatoria incluida en la primera versión electrónica (2018) fue: "*A mis nietos Julia, Margarita, Ignacio y a los que pronto llegarán del lejano Oriente, con el deseo de que, desde la privilegiada atalaya que sus padres les preparan, no olviden que el futuro debe ser compartido en libertad, igualdad y fraternidad*".

ÍNDICE

Autor   9

PRESENTACIÓN   13

PARTICIPACIÓN FRACCIONADA   31
Esquema básico

LA INSTANCIA PF   53
Concepto, tipología, funciones y
soportes

EL TRÁNSITO HACIA LA IPF   93
Estatutos *versus* procedimiento de
aquiescencia

EL DECÁLOGO DE LA IPF   109
El formidable reto de la ingeniería político-
social

LOS OBSERVATORIOS DE I+C   113

Caso práctico 1
LA INICIATIVA *AMITIE*   125

Caso práctico 2
EL ASUNTO *EGMASA/FEDER*   133

Caso práctico 3
EL OBSERVATORIO CATALÁN DE LA   147
MOVILIDAD

Caso práctico 4
EL OBSERVATORIO UNIA   155
Universidad Internacional de Andalucía

lee+1
Los grupos de ciudadanos de acción política 177

lee+2
¡Dale vida al río! 185
Ejemplo de actuación disfuncional de una ONG

Anexo 1
VOCABULARIO DE LA PF 181

Anexo 2
Códigos QR 203

LUIS DE LA RASILLA

Sevilla, 1948.
luisdelarasilla@gmail.com

Doctor. Licenciado en Ciencias Políticas, Estudios Internacionales. Fue secretario general de la UEF (Unión Europea de Federalistas, España) y promotor, a finales de los setenta, de la Asociación para la Integración Europea (AIE) y de la Sociedad Iberoamericana de Estudios Europeos (SIAE). 🖙 Ha sido profesor de Derecho Internacional y Relaciones Internacionales en la UNED y en las Universidades de Sevilla y Huelva; Jefe del gabinete técnico del rectorado de la UNED y director de su Programa en Guinea Ecuatorial; subdirector de la Universidad Hispanoamericana de la Rábida y vicedecano de la Facultad de Derecho de la Universidad de Huelva.

En 1988 presentó al Congreso de los Diputados un *Informe-denuncia de la política española de cooperación con Guinea Ecuatorial* 🖙 y un *Informe-propuesta para una nueva cooperación al servicio del autodesarrollo y la libertad en Guinea Ecuatorial* 🖙 que inspiró la *Iniciativa Pacto de Madrid para la Democratización y el Autodesarrollo de Guinea Ecuatorial*, de marzo de 1989. 🖙 Junto con el decano Ramón L. Soriano Díaz, catedrático de Filosofía del Derecho, presentó, en 1994, una *Queja al Defensor del Pueblo Andaluz* y un *Informe-denuncia al Parlamento de Andalucía* sobre el funcionamiento irregular de la entonces recién creada Universidad de Huelva. Es coautor con el Prof. Ramón Soriano de *Democracia vergonzante y ciudadanos de perfil* (Editorial Comares, Granada, 2002). 🖙 y autor de diversas publicaciones, 🖙 entre ellas *Archimedes' Return or the Power of Imagination on the Streets*, 🖙 *La cooperación al subdesarrollo de Guinea Ecuatorial. Oportunidades perdidas y propuestas frustradas en la década de los ochenta. Relato documentado de un cooperante* 🖙 y *El amanecer de una democracia inesperada*, título genérico de la pentalogía que incluye las publicaciones que derivan de su tesis doctoral: *Puedo, puedes... ¿podemos?*, 🗁 *Pasota o implicado*, 🗁 *Asociacionismo blando y participación a la carta*, 🗁 *El fin de la universidad... que conocemos* 🗁 y *De la edición a la ediacción*: *en la senda de la actoescritura y la actolectura.* 🗁

Desde 1996 ha desarrollado, en el ámbito de INTER/SUR (proyecto no gubernamental para la innovación política) ⋈ diversas propuestas educativas experimentales: *Cursos de verano de Doñana, Expediciones para la ecociudadanía, Travesías náuticas-debates en la mar, ALANDALUS 3.0 (alternativa luso, andaluza y norte-africana de diálogo y de acción local-global de los universitarios del sur), AMITIE (iniciativa para el apoyo mutuo y el intercambio transnacional entre instancias educativas), PAUTA/e 3.0 (Plataforma para la autoformación y la acción ecociudadanas), Interuniversidad abierta, Iniciativa RIC de Tánger (para la promoción de recursos interuniversitarios compartidos), WIKIACCIÓN (agenda virtual para la acción)...* y de iniciativa y control ecociudadanos —*OEGA (observatorio ecociudadano del Guadiana Atlántico), OCCCULO (observatorio de control ciudadano de la corrupción urbanística en el litoral onubense), Observatorio ciudadano de control de diputados y euro-parlamentarios, Observación popular (para el control ciudadano de la función judicial,* etc.

Un ensayo —*Eurídice y yo*— y una propuesta —*Plataforma multimodal de interconexión civeturística y ocupacional*— son sus últimas publicaciones, (2021) ambas al hilo de la COVID-19. Actualmente trabaja en la finalización de *Despierta la libélula*, tercera parte de la trilogía *Noticia de un amanecer fugaz*.

NOTA DEL AUTOR

Asociacionismo blando y participación a la carta, como otras publicaciones mías, además de su carácter transmedia e hipertextual, avanza una apuesta ambiciosa y original: la inexorable transición de los modos de edición convencional y electrónica hacia la *ediacción*. Una modalidad inédita de la ecdótica que conlleva el tránsito de la escritura a la *actoescritura* y, por ende, de la lectura a la *actolectura*. Una iniciativa que, al incorporar en el texto recursos insólitos que brindan oportunidades de participación en los asuntos públicos (algo que, obviamente, impide la impresión en papel), hará actolector al *homo ociosus* del futuro. *Homo ociosus*, antes *depredator, cultor, faber, creator...,* que, provisto de tan formidable útil para su adiestramiento cabal en el ejercicio directo de una nueva ecociudadanía o ciudadanía global, incrementará exponencialmente su cultura política y dejará de estar en manos de esos *"resabiados mercachifles del pasteleo, encorbatados animales burlescos que recorren los pasillos del Parlamento haciendo de la política el desconsuelo de los justos".*[2]

Para facilitar su estudio en un soporte electrónico, incorpora algunos símbolos que enriquecen y facilitan la lectura. Símbolos que pueden activarse en un soporte digital. Los primeros, que proporcionan a la obra su carácter transmedia, requieren conexión a Internet; los segundos, que la agilizan y facilitan, no.

RECURSOS TRANSMEDIA

📁 Documento de texto
🔗 Página electrónica
📷 Imagen o fotografía
📷📷 Galería de imágenes o fotografías
🎬 Película o vídeo
♫ Melodía o banda sonora
♫♫ Lista de reproducción musical
📻 Programa de radio

---

[2].Rasilla del Moral, Ignacio; *Crónicas de los Cursos de Verano de Doñana,* 2000-2002. www.ignaciodelarasilla.es

Presentación *powerpoint*

Información práctica

Receta o sugerencia culinaria

RECURSOS FACILITADORES DE LA LECTURA

atajo Reduce la lectura
lee+ Amplía la lectura
recuerda Vuelve a leer
salta Omítelo
regresa
n Nota
regresa Retorna al hilo central de la lectura
Я Rectificación

RECURSOS PROPIOS DE LA ACTOESCRITURA

iα Infórmate para actuar con criterio
α> Actúa
gOPı Genera y comparte oportunidades de participación

El siguiente *código QR* brinda al lector la posibilidad de descargar libremente versión digital completa en formato *PDF*.

PRESENTACIÓN

Homo depredator, cultor, faber, creator, ociosus, republicanus...

—¿Asociacionismo blando y participación a la carta?

—Así es.

—¿Para?

—Flexibilizar el proceso asociativo y dinamizar el quehacer participativo. Para que la rigidez del asociacionismo al uso ceda en beneficio de un asociacionismo en su mínima expresión. Para que el proceso formal de adopción y ejecución de decisiones...

—¿Hablas del acuerdo democrático mayoritario?

—Sí.

—¿Y?

—Llegue a poder substituirse algún día por procesos *ad hoc* que permitan expresar más directa y fidedignamente la voluntad popular. Y, por supuesto, para inducir procesos auto-instructivos eficientes que generen el incremento exponencial y generalizado de una nueva cultura ciudadana.

—¿Nueva?

—Sí; capaz de tolerar la cohabitación inteligente. O, dicho de otro modo, posibilitar que en un mismo marco instrumental haya cabida para enfoques, planteamientos y actuaciones divergentes e, incluso, antagónicos.

—¿Algo más?

—Que los instrumentos políticos, además de prescindir de todo tipo de militancia o membrecía en beneficio de la mera condición de usuarios, permitan socializar el liderazgo.

—¿De qué manera?

—Abriendo de par en par la puerta a la libre asunción de cualquier rol o papel en el ejercicio de la participación política.

—¿Pretendes eliminar la figura del líder político?

—Sí, del líder político entendido como único o principal dirigente, representante y portavoz de un colectivo.

—¿Cómo?

—De un lado, tornando innecesario, prescindible o superfluo la asunción exclusiva, permanente o rotativa, por parte de una sola persona, de la iniciativa, la dirección y la representación; de otro, logrando que la inacción política se transforme en acción.

—Eso es la cuadratura del círculo.

—Sólo en apariencia.

—Explícate.

—Haciendo que aquella, merced a una previa aquiescencia pactada, opere en la práctica en beneficio colectivo al potenciar un activismo mucho más enérgico e influyente.

—¿De ahí lo de *más allá de toda democracia conocida*?

—Claro, el amanecer de una democracia inesperada, pero vayamos por partes. Te diré que lo que sigue arranca de una firme convicción: el futuro nada tendrá que ver con lo actualmente conocido. ¿Te imaginas cómo reaccionaría el ser humano si no tuviese que trabajar o, a lo sumo, sólo lo hiciese durante un par de horas al día?

—No.

—Pues el pronóstico es que la expectativa de sustitución del actual modelo energético piramidal, basado en los combustibles fósiles, por otro alternativo de estructura horizontal que proporcionase energía eficaz en condiciones de fácil disponibilidad, escaso precio y nulo impacto ambiental, asociado a los avances tecnológicos por venir en el campo, entre otros, de la infocomunicación y de la robótica, conllevaría —como han apuntado Rifkin y otros autores— la posibilidad real de producir bienes y servicios para todos los seres humanos con una mínima parte de la fuerza de trabajo requerida en la actualidad.

—Lejos me lo fías.

—Puede que el artículo *¿Qué haremos con el tiempo libre que nos dejarán los robots?*, 🖅 publicado en el diario *El País,*[3] te ayude a situarte en el contexto adecuado. Además, ya el propio Keynes, en su *Essays in Persuasion,* predijo que en el futuro...

—¿Qué futuro?

—En el futuro, dejémoslo así para no pillarnos los dedos, la Humanidad —decía el influyente economista británico— deberá afrontar como problema global la utilización de su nueva independencia con respecto a las preocupaciones económicas y, en consecuencia, replantearse la existencia y su nuevo rol en el planeta Tierra. De hecho, ya en nuestra época, la transformación del tiempo libre en ocio, mediante el recurso a una innumerable gama de actividades de consumo generadoras de movilidad —real y virtual— cada vez más insospechada, propicia un nuevo y sugestivo espacio de socialización cuyas casi inimaginables potencialidades —buenas, indiferentes o perversas— no deberían despreciarse por muy lejanas o utópicas que puedan antojársenos. Lo cierto es que, guste o no guste, se crea o no se crea, un nuevo *homo ociosus* nos aguarda. De ahí que me cuestionase, hace bastantes años, la viabilidad de encauzar el

---

[3] *El País,* 08/23/17.

tiempo libre del ser humano —del que ya muchos disponemos en proporción creciente— hacia un modelo de ocio autoinstructivo.

—¿Ocio autoinstructivo?

—Un modelo que primase el interés por los asuntos públicos y recondujese progresivamente nuestra larga evolución de *homo depredator*, *cultor*, *faber*, *creator*, *ociosus* en *homo republicanus (de res pública*, cosa pública). Un flamante y generalizado *homo republicanus,* utópico hoy, tangible tal vez mañana, capaz de hacer realidad el ideal político del ejercicio responsable y generalizado de una democracia ecociudadana directa en la que los nuevos ecociudadanos, —como he explicado en *Puedo, puedes… ¿podemos?* y en *Pasota o implicado*— dotados de útiles políticos de nueva generación, asuman por fin el papel usurpado por sus poco escrupulosos y nada eficientes representantes políticos. Debe tenerse en cuenta que entre los muchos argumentos que se han esgrimido para desaconsejar la democracia directa se encuentran, como es sabido, la ausencia de estímulos y la falta de tiempo para participar activamente en la vida política. Por eso, al comparar nuestra actual sociedad postmoderna con eventuales escenarios del lejano porvenir de nuestra especie reparé en el papel que podría llegar a desempeñar el creciente fenómeno del ocio en la profundización de la democracia.

—¿Ocio y democracia?

—Dada la creciente omnipresencia del ser humano ante la inmensa panorámica que propicia *Internet*, la clave —me dije— podría estar en comenzar a incorporar de manera natural y sugerente el componente cívico y de interés por la cosa pública en los hábitos de ocio placentero de los seres humanos, en especial en el ámbito de la movilidad asociada a los desplazamientos geográficos y al turismo. Y también en otros.

—¿Por ejemplo?

—La escritura y la lectura. Actividades llamadas a transformarse respectivamente en actoescritura y actolectura gracias a esa variante de la ecdótica que he llamado *ediacción.*

—Define.

ACTOESCRITURA
Del lat. *actus,* acción o ejercicio de la posibilidad de hacer, y *scriptūra*, acción efecto de escribir. Modalidad de escritura en la que el autor sitúa determinados signos —alfaflecha y opeefe— tras ciertos términos, frases o

contextos con la finalidad de
que el lector pueda ejercer la
actolectura.

ALFAFLECHA
Signo de propuesta de acción
empleado en la actoescritura,
compuesto con la letra alfa y el
extremo puntiagudo de una
flecha horizontal, α⊳ que
incorpora un enlace o
hipervínculo, susceptible de
ser activado por el actolector
para aprovechar las
oportunidades de intervención
en los asuntos públicos que le
brinda el texto. Signo
propuesto por INTER/SUR y
empleado en WIKIACCIÓN. 🗁

OPEEFE
Contracción de oportunidad de
participación fraccionada,
expresado en la actoescritura
con el signo OP⌐ que incorpora
un enlace o hipervínculo
susceptible de ser activado por
el lector que desee publicar en
Internet sus propias
propuestas de acción. Signo
propuesto por INTER/SUR y
empleado en WIKIACCIÓN.

ACTOLECTURA
Del lat. *actus,* acción o

> **ejercicio de la posibilidad de
> hacer, y del b. lat. *lectūra,*
> acción de leer. Proceso de
> lectura durante el que lector,
> merced a las oportunidades
> que le brinda la ediacción,
> dispone de la posibilidad de
> intervenir en los asuntos
> públicos.**

>
> **Del latín *editĭo, -ōnis* y *actĭo,
> ōnis*, edición que incluye
> recursos para la acción.
> Técnica editorial que aporta a
> la literatura, y a la escritura en
> general, una función inédita e
> insospechada inductora de la
> inexorable transición hacia la
> actolectura generalizada del
> futuro.[4]**

—Y entonces, —continúo— al caer en la cuenta
de que el coste del ocio lo asume quien lo disfruta,
comprendí que tal alianza, además de una excelente
ocasión y un vigoroso estímulo para los procesos per-
sonales permanentes de enseñanza-aprendizaje de la
dimensión cívica y el quehacer republicano, constituía
una fuente de autofinanciación inagotable garante de
la imprescindible dosis de autonomía que ambas acti-

---

[4] Función que presupone la incorporación de adelantos por venir en el
ámbito de la ingeniería política y social hoy inimaginables. Original simbiosis entre literatura y política que, al abrir de par en par las puertas a
la actoescritura, condicionará el hecho mismo de escribir y de editar.
Término, asociado al modelo de participación fraccionada, propuesto por
el autor en 2015. 🗁

vidades exigen. Pues bien; esto es lo que inspira *Asociacionismo blando y participación a la carta*.

—¿Blando?

—Sí.

—¿Asustadizo, timorato, menguado, tímido, apocado, cobarde, dócil...?

—No, lee:

ASOCIACIONISMO BLANDO

Nueva dimensión del hecho asociativo que trasciende la tensión del asociacionismo convencional a la institucionalización, cualquiera que sea su grado, al posibilitar que la mera voluntad de afrontar un determinado asunto de interés público constituya un hecho asociativo.

—¿Y lo de la carta?

PARTICIPACIÓN A LA CARTA

Nueva dimensión del quehacer participativo que sustituye los habituales procesos formales de adopción y ejecución de decisiones, basados en el acuerdo mayoritario, por procesos que permiten aprovechar la previa desagregación del quehacer participativo en oportunidades

**susceptibles de transformarse
en impulsos que se
agrupan y ordenan
complementariamente
como acciones.**

—Y eso, suponiendo que funcione, ¿para qué?

—Para reforzar la democracia, flexibilizar y hacer más autónomo su ejercicio y extenderlo más allá del ámbito Estado-nacional.

—¿Una democracia global?

—Y directa.

—¡Acaso no es suficiente la que tenemos?

—No. ¿Y sabes por qué?

—Pero seguro que me lo vas a contar.

—La democracia debe ser directa siempre que sea posible, una democracia ciudadana y sin líderes; excepcionalmente, democracia representativa. Claro que alcanzar esa meta exige innovar. Y cuando digo innovar me refiero a innovaciones políticas de nueva generación y no simplemente a las reformas constitucionales que propusimos hace tres lustros en *Democracia vergonzante y ciudadanos de perfil.* Reformas esenciales que, dicho sea de paso, tras airearse profusamente en los debates del 15M, han caído en saco roto. ¿O, acaso, los instrumentos de democracia directa de nuestra Constitución no continúan siendo mera demagogia por escasos, restrictivos e impracticables? ¿Y los de democracia participativa no siguen presos de los modelos institucionales y de los cauces de calculada ineficacia preestablecidos? Y, puestos a innovar, ¿no cabría plantearse si la acción periódica de votar para elegir representantes políticos podría sustituirse ventajosamente, merced a instrumentos políticos de nueva generación, por prácticas ciudadanas directas y actuaciones incisivas de iniciativa y control políticos que expresasen más fidedignamente la voluntad popular? Es más, si los intereses colectivos de los seres humanos confluyen en su dimensión global ¿por qué tolerar que la participación política se restrinja al reducido ámbito intraestatal en vez de extenderla al gobierno de la *res publica* planetaria para que el ciudadano —el *homo republicanus* del futuro— pueda intervenir directamente en ese espacio absolutamente extraño a la democracia que se abre más allá del Estado-nación? ¿Qué? ¿Sorprendido? ¿Incrédulo? ¿Esperanzado?...

—¡Prosigue!

—Se trata de satisfacer la voluntad colectiva de asegurar una gobernanza sostenible en el horizonte del ejercicio directo y global de la acción política. Y para ello debemos emprender con todas sus consecuencias el arduo quehacer de concebir, experimentar y poner a punto nuevos útiles superadores de las disfuncionales herramientas políticas al uso.

—¿Te refieres al partido político?

—Por supuesto, pero también a otros instrumentos.

—Ejemplo.

—La ONG.

—¿Te parece disfuncional?

—Acabarán siéndolo antes o después si no se pone coto al trance de moderación, abdicación e integración institucional que suele acarrear la pérdida del vigor, la libertad crítica y la merma de la confianza ciudadana.

—¿Propones alguna alternativa para evitarlo?

—Su tránsito paulatino hacia la IPF.

—¿IPF?

—Sí, instancia de participación fraccionada, pero antes déjame recordarte algo. El Diccionario de la Lengua Española define la sigla de organización no gubernamental como *organización de iniciativa social, independiente de la Administración pública, que se dedica a actividades humanitarias, sin fines lucrativos.* Claro que si, a estas alturas, a alguien no le sonase dicha abreviatura lo más probable es que recurriese de inmediato, bien directamente o a través de esa nueva potente extensión de nuestro cerebro denominada *Google*, a la sin par *Wikipedia.* Ya sabes, popular enciclopedia colaborativa que, sin pensárselo dos veces, le respondería que tales iniciales se utilizan *para identificar a organizaciones que no son parte de las esferas gubernamentales ni son empresas cuyo fin fundamental es el lucro;* que, por lo general, *son conformadas y se encuentran a cargo de ciudadanos comunes que comparten una visión y misión común;* que pueden *obtener financiación del Gobierno, de otras ONG, o de individuos o empresas particulares;*

en fin, que algunas de ellas, —fíjate bien— *con el fin de mantener autonomía de gestión e imparcialidad, evitan la financiación oficial y trabajan a través de voluntarios.* ¿Acaso no resulta sospechoso que esos *ciudadanos comunes que comparten una visión y misión común* deban andarse con tiento a la hora de tratar con las instancias gubernamentales que, por lo leído, amenazan su principal virtud: la autonomía? Y es que en torno a ellas siempre ronda, como Ramón Soriano y yo decimos en *Democracia vergonzante y ciudadanos de perfil,* ☞ el efecto moderación-adulteración. Mal asunto que debiera estimular a sus dirigentes y a toda la sociedad civil a diseñar cortafuegos eficaces.

**EFECTO
MODERACIÓN-ADULTERACIÓN**
Pérdida de autonomía que conlleva la moderación y adulteración de sus objetivos y estrategias susceptible de afectar a las asociaciones de participación política al ser controladas o absorbidas por instituciones gubernamentales.

    —Vale. ¿IPF?

    —Hay páginas electrónicas terminadas en *org*, *com*, *edu*…, pero no en *ipf*: ese tipo de dominios —o su equivalente en inglés *fpi*— no existen aún. De hecho, *la palabra IPF no está registrada en el Diccionario. Las entradas* —añade la Academia de la Lengua Española— *que se muestran a continuación podrían estar relacionadas: IPC, IRPF,* pero no es así. *¿Google* y *Wikipedia*? ¡Frío, frío! Probemos con *instancia de participación fraccionada*. ¡Bingo!: *Archimede's Return: The Power of Imagination to the Streets*; *Puedo, puedes... ¿podemos?*; *Pasota o implicado*; *Revista Internacional de Pensamiento Político...*, 🗀 *Proyecto INTER/SUR para la innovación política*, 🗀 *vocabulario de la participación fraccionada...* Veamos qué dice este último:

**INSTANCIA DE
PARTICIPACIÓN FRACCIONADA
(IPF)**

Prototipo genérico de útil político de nueva generación, autónomo, plural, autoinstructivo, virtual e interactivo, capaz de desencadenar un quíntuple y permanente efecto de autofinanciación, autoregulación, autoexpansión, autorenovación y autogeneración, susceptible de uso individual y colectivo por un número indeterminado de usuarios. Modalidad de herramienta política de aplicación del modelo de participación fraccionada.

—¿Está claro?

—No.

—Ya te anuncio que no será una tarea fácil: no lo es y, por supuesto, costará mucho —léase décadas— diseñar una nueva democracia que no pivote exclusivamente sobre el partido político y amenace la autonomía de las organizaciones de la sociedad civil sin ánimo de lucro. Ahora bien, aunque sea un reto formidable para decenas de generaciones venideras, debe y puede ser iniciada con carácter inmediato

—¿Cómo?

—Desarrollando una nueva modalidad o técnica asociativo-decisional.

—¿Cuál?

—La participación fraccionada (PF).

**PARTICIPACIÓN
FRACCIONADA**
**Innovadora técnica asociativo-
decisional que merced a la
acción combinada de
determinados principios...**

—¿Qué principios?

**De desagregación-agregación,
de cooperación,
de complementaridad,
de publicidad,
de conectividad,
de afectación directa,
de ecociudadanía,
de aquiescencia pactada,
de cohabitación cooperativa,
de rol variable,
de liderazgo abierto,
de confidencialidad,
de ecociveocio y
de ecociveturismo...**

—¡Uf! Continúa.

<h2 style="text-align:center">...propicia una nueva
dimensión del asociacionismo
y de la participación.</h2>

—¡Ya: el asociacionismo blando y la participación a la carta!

—Así es.

—Además, si consideramos que el déficit democrático que padecemos es inseparable de la escasez de virtud cívica y, sobre todo, de la carencia de herramientas o instrumentos para la autoformación y la acción ecociudadanas (AEE) ¿por qué no aprovechar a fondo las tecnologías de la infocomunicación para innovar en el ámbito de la ingeniería política y social y concebir, experimentar y poner a punto soportes adecuados para el ejercicio de una nueva ecociudadanía comprometida con un republicanismo militante en el contexto de una sociedad sostenible y de responsabilidad colectiva.

—¿Republicanismo? ¿Te refieres a la forma de Estado?

—No. Me refiero al republicanismo —de *res pública*, que es distinta de *res privata* o cosa privada y de *res institutionale* o cosa institucional— que concibe la sociedad civil como profundización en la democracia a través del protagonismo de los ciudadanos. Concepto, pues, que no presupone la forma de Estado.

—¿Eres monárquico o republicano?

—Debo decir que, dado el modelo de jefatura del Estado establecido en nuestra Constitución, me siento muy bien representado por el rey Felipe VI.

—¿AAE? ¿Ecociudadanía?

AUTOFORMACIÓN Y ACCIÓN ECOCIUDADANA

Proceso interactivo permanente de enseñanza-aprendizaje cívico y de participación creciente en la defensa de la *res publica* mundial, mediante el que los ciudadanos y las ciudadanas, insertos en un sistema global interdependiente y de frágil y precario equilibrio, cobran conciencia de su pertenencia a la sociedad sostenible y de responsabilidad colectiva, adquieren los conocimientos, los valores, las competencias y la experiencia para ejercer la ecociudadanía con todos los medios disponibles y se afanan en perseverar en su práctica.

ECOCIUDADANÍA

Del griego *oixo*, que significa casa, morada, ámbito vital... y ciudadanía, condición del nacional de un Estado, sujeto pleno de derechos y deberes, facultado para intervenir en su gobierno. Es la condición de todo ser humano, titular de una parte alícuota de la soberanía mundial, legitimado para participar, con independencia de su adscripción nacional en

**cualesquiera asuntos públicos en
pro del desarrollo humano de todos
los habitantes del planeta,
mediante la satisfacción de sus
necesidades, sin comprometer el
de las futuras generaciones.**

Dado que en *Puedo, puedes... podemos* expuse con detalle la técnica asociativo-decisional de participación fraccionada y en *Pasota o implicado* avancé la estrategia inicial para su experimentación y desarrollo cooperativo,[5] en las páginas que siguen me dispongo a explicar cómo este modelo y la herramienta genérica concebida para su aplicación —la IPF— avanza el decálogo-reto de las herramientas políticas del futuro.

Ahora bien, como su adecuada comprensión exige conocer, al menos en líneas generales, el modelo de participación fraccionada en que se fundamentan mis propuestas, haré un inciso para dar una explicación de la misma lo más sucinta y didáctica posible. No obstante, si ya conoces en qué consiste ***salta a página 53.***

---

[5] *Estrategia ECOCIUDANÍA 3.0,* con sus cinco propuestas: *OPTa, PAUTA/e 3.0, ¡ALE LEA!, WIKIACCIÓN* y *PMICO.*

LA PARTICIPACIÓN FRACCIONADA
ESQUEMA BÁSICO

PARTICIPACIÓN... ¿QUÉ?

Fraccionada o, si prefieres, sucesiva, desagregativo-agregativa o por impulsos complementarios.[6] Una técnica asociativo-decisional inédita de nueva generación para la autoformación y la acción políticas en el horizonte de una ciudadanía mundial que aspira a darle un vuelco insólito a toda democracia conocida y a abrir vías insospechadas a su ejercicio directo en el futuro. Se basa en la concatenación interactiva de un conjunto de principios —*principios PF*— que operan en el seno de un proceso *sui géneris* de desagregación-agregación del quehacer participativo: el *proceso D+A*.

---

[6] En inglés. Fractional participation o divided participation. Summary. Fractional o divided participation is an innovative, decisional-associative technique based on the combined action of certain principles (disaggregation-aggregation, cooperation, complementarity, publicity, connectivity, direct involvement, eco-citizenship, agreed acquiescence, cooperative cohabitation, variable role, open leadership, confidentiality, eco-civic-leisure and eco-civic-tourism). It is a kind of virtual, self-instructive political tool that fosters a new dimension of associationism (soft association) and participation (participation à la carte) to strengthen democracy, facilitate its exercise and extend it beyond the realm of the nation-state. The fractional participation instance (FPI) is the prototype of a political tool for exercising fractional participation. The FPI, endowed with the application of the ad hoc software it requires and progressively adapted to the needs of every age, place and circumstances, may eventually become a useful, popular political tool for exercising eco-citizenship. Since this technique functions through the on-going generation of spontaneous open processes that aggregate a series of complementary participation impulses, it could also be called 'successive participation', 'aggregative participation' or 'participation through complementary impulses'. *Archimede's Return: The Power of Imagination on the Streets.* 🖝

El proceso de desagregación-agregación (D+A)

En la base del MPF se encuentra el proceso de desagregación-agregación del quehacer participativo (proceso D+A). Se trata de un proceso *sui generis* en el que, además del principio inspirador de desagregación-agregación, interactúan un conjunto de principios concatenados: operacionales, motivadores, moduladores e instrumentales.

**PROCESO DE
DESAGREGACIÓN-AGREGACIÓN**

PRINCIPIO INSPIRADOR
Principio de desagregación-agregación

PRINCIPIOS OPERACIONALES
Principio de cooperación
Principio de complementariedad
Principio de publicidad
Principio de conectividad

PRINCIPIOS MOTIVADORES
Principio de afectación directa
Principio de ecociudadanía

PRINCIPIOS MODULADORES
Principio de aquiescencia pactada
Principio de cohabitación cooperativa
Principio de rol variable
Principio de liderazgo abierto
Principio de confidencialidad opcional

PRINCIPIOS INSTRUMENTALES
Principio de ecociveocio
Principio de ecociveturismo

Recurriré a una serie de supuestos prácticos que facilitarán su comprensión.

La cancela del sabio

Hace muchos años vivía un famoso físico muy amigo de recibir visitas en su casa de campo. No era necesario anunciarse, ya que siempre se era bienvenido por el mero hecho de abrir con decisión la pesada cancela que franqueaba el acceso al frondoso jardín. Eso sí, asegurándose de dejarla bien cerrada, lo que resultaba imposible si previamente no se realizaba el esfuerzo de abrirla de par en par. Aunque este inconveniente no dejara de sorprender al visitante, nadie comentaba tan nimio asunto con el célebre anfitrión. Un día, sin embargo, una alumna que lo visitaba por primera vez, y que resultó ser más voluntariosa que avispada, se ofreció para echar un vistazo a la cancela y tratar de repararla. La respuesta del sabio no se hizo esperar: es usted muy amable, pero como estudiante de física debería haber considerado la posibilidad de que el exceso de recorrido de la cancela tenga alguna explicación lógica. Y, en efecto, la tiene, ya que, como debe ser *vox populi*, su movimiento proporciona la fuerza motriz que acciona el sistema mecánico que dispuse hace años para extraer del pozo el agua que uso para regar el jardín.

Nuestro sagaz y práctico sabio, que de tan original suerte ofrecía a los sucesivos visitantes "oportunidades" de participar cooperativamente en el menester del riego, lograba así que cientos de esfuerzos, transformados en "impulsos" útiles, se agregasen para generar la "acción" pretendida: regar el jardín. Esta anécdota pone de relieve, en una primera aproximación, cuatro rasgos del proceso D+A, a saber: a) se trata de un proceso de dos tiempos: desagregación y agregación; b) utiliza un determinado útil o mecanismo de inducción y soporte —una noria articulada con la cancela del jardín—; c) responde a una deliberada intencionalidad —extraer agua del pozo—; y d) tiene naturaleza cooperativa o colaborativa.

Añadiré dos ejemplos más que, por su carácter abierto y la potencial multiplicidad de intervinientes, añaden complejidad al proceso D+A.

La cadena de envasado y el grupo ecologista

El principio de desagregación-agregación también opera en la cadena de envasado de una fábrica de refrescos y en la práctica cotidiana de una combativa asociación ecologista que llamaré *Ojo con el Guadiana*. ¿Cómo? Una cadena de envasado es un instrumento mecánico integrado por un conjunto de mecanismos que, a lo largo del recorrido de una cinta transportadora, posibilita que se lleven a cabo automáticamente diversas tareas sucesivas previamente programadas: limpieza, enjuague, suministro de componentes, taponado, etiquetado, etc. *Ojo con el Guadiana,* por su parte, al afrontar cualquiera de los problemas ambientales del río Guadiana también realiza un conjunto de tareas que se llevan a cabo mediante un mecanismo instrumental, en este caso, de carácter asociativo-decisional y naturaleza jurídico-política: un colectivo o asociación de personas regulado por unos estatutos sociales que determinan los fines, la estructura organizativa, el procedimiento de toma de decisiones, etc. Las tareas o acciones concretas propias de la actuación pública de este tipo de colectivos tienen en común la realización de una serie de pasos: observación, detección del problema ambiental, búsqueda de información, realización de estudios, identificación de responsables, formación de la voluntad de sus miembros, adopción de decisiones mediante votación, denuncia ante los medios de comunicación, fiscalía, tribunales de justicia, etc. Además, lo usual es que, identificadas y ordenadas las tareas o acciones que conforman la campaña, *Ojo con el Guadiana* y otras organizaciones similares, procedan al encargo de su ejecución a todos o algunos de sus miembros.

Ahora bien, en comparación con la cancela del sabio los supuestos de la cadena de envasado y del grupo ecologista incorporan la nota de heterogeneidad que hace más complejos sus procesos D+A. En efecto, las actividades propias de la cadena de envasado y el quehacer participativo de los ecologistas se componen de múltiples acciones de naturaleza diversa que quiebran la elemental homogeneidad propia de la idéntica y repetitiva tarea —sacar agua— acometida en el primer supuesto.

El cajero automático y la ONG

Del primero sabemos que ha sido programado por una entidad crediticia para brindar al usuario un variado conjunto de operaciones bancarias: reintegros e ingresos de efectivo, recargas telefónicas, transferencias, ingresos, emisión de múltiples órdenes, etc., que pueden ser realizadas por quiénes dispongan de determinados documentos de identificación magnética. Del segundo, que se trata de una ONG española —*Guadiana educa*— que opera en el tramo hispanoluso del río Guadiana y que: a) se rige por unos estatutos sociales inscritos en el registro de asociaciones; b) desarrolla un programa de educación ambiental para universitarios, basado en la organización permanente de aulas náuticas que incorporan ejercicios de observatorio de I+C destinados a que los participantes se habitúen a desempeñar la función ciudadana de iniciativa y control (I+C). Todos conocemos cómo funciona el cajero, pero ¿cómo organiza la ONG *Guadiana Educa* sus ejercicios de observatorio de I+C? Muy sencillo: realizando una labor previa de programación similar a la que llevaron a cabo, tanto el grupo ecologista *Ojo con el Guadiana*, como el diseñador de la cadena de envasado de la fábrica de refrescos. Esto les permite disponer de una lista ordenada de tareas o de potenciales acciones sucesivas a emprender. Ahora bien, en vez de asignar la ejecución de todas estas tareas o acciones a sus propios socios, como suelen hacer este tipo de asociaciones, optan por fragmentar este quehacer participativo. Es decir, descomponerlo o desagregarlo en múltiples sub-tareas o sub-acciones que sus monitores proponen a los sucesivos integrantes de sus aulas náuticas a modo de *o-por-tu-ni-da-des-de-par-ti-ci-pa-ción*.

Analicemos el proceder de la ONG *Guadiana Educa* en tres aulas náuticas sucesivas que incorporan tres ejercicios de observatorio de I+C centrados en el debate en torno a la construcción de un puente entre

España y Portugal. Una decisión controvertida, ya que las ventajas socioeconómicas de la conexión transfronteriza son inseparables del impacto ambiental de la obra en un espacio natural protegido.

En la primera, el monitor presentará el primer ejercicio de observatorio de I+C. Para ello expondrá el conjunto de problemas asociados a la obra y propondrá diversas actividades a realizar durante el recorrido fluvial: tomar fotografías, debatir sobre los posibles pros y contras de la construcción del puente y accesos, alternativas, etc. Es decir, el monitor brindará a los participantes en el aula náutica un conjunto de "oportunidades de participación" en relación con un asunto de interés público.

En la segunda, el monitor informará a los nuevos participantes de lo realizado en el anterior ejercicio de observatorio de I+C y les propondrá llevar a cabo nuevas acciones: completar el reportaje fotográfico, colaborar en el mantenimiento de una página electrónica para potenciar el debate, etc. Puede que, a su vez, los presentes sugieran otras acciones, e. g. traducir al español algunos textos enviados por las autoridades portuguesas; recabar más información sobre los insistentes rumores que apuntan al nexo entre el puente, sus accesos por la parte española y una operación urbanística especulativa apadrinada por las autoridades municipales en terrenos ribereños protegidos, etc. Probablemente esto avivará el debate entre los participantes y, tal vez, pondrá de manifiesto el desacuerdo, lo que, sin embargo, no impedirá que todos coincidan, por ejemplo, en la necesidad de solicitar a las Administraciones española y portuguesa más información al amparo de la legislación vigente.

En la tercera, el monitor aludirá a la divergencia producida y repartirá copias de los artículos publicados en defensa de las diversas posiciones. Puede que tenga que anunciar la falta de respuesta de las Administraciones y que algún participante proponga presentar una queja por ese motivo al Defensor del Pueblo Español y/o al *Provedor de Justiça* de Portugal. Quizás los participantes en esta tercera edición del ejercicio de observatorio de I+C, aunque discrepen sobre el fondo del asunto, estén de acuerdo en que no debe pasarse por alto el —eventual, pero no infrecuente— incumplimiento de la normativa de acceso a la información ambiental y decidan firmar conjuntamente textos de quejas o denuncias. Y así una y otra vez a medida que continúen los ejercicios de observatorio de I+C en las subsiguientes aulas náuticas organizadas por *Guadiana Educa.*

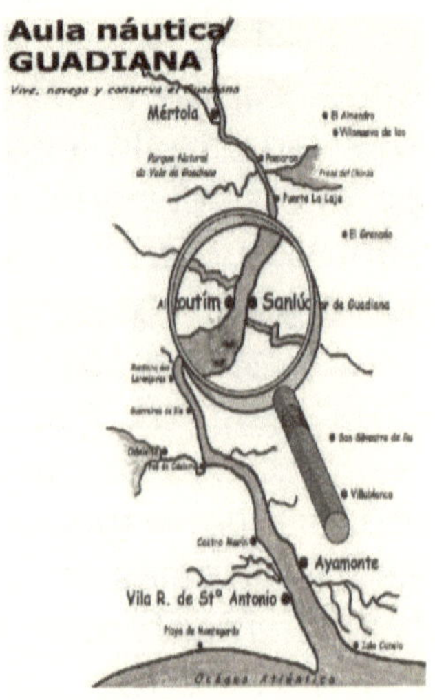

Podemos concluir que este quehacer colectivo de observación, información, reflexión, debate y acción es el resultado del aprovechamiento por los sucesivos participantes en las aulas náuticas de las numerosas "oportunidades de participación" que los monitores les han brindado. En realidad, es como si *Guadiana Educa* hubiese puesto en marcha la cinta transportadora, asegurando en todo momento que ni falten "oportunidades de participación", ni que la periódica intervención de los grupos de participantes deje de aportar nuevos "impulsos", individuales y colectivos, susceptibles de agregarse para generar "acciones". Lo esencial es que, al abrirse y cerrarse la cancela, los cangilones recojan y viertan el agua, los envases vacíos se transformen en botellas de chispeante refresco..., esto es, que en los ejercicios de observatorio de I+C de las aulas náuticas opere ese proceso D+A inspirado por el principio de desagregación-agregación.

Un proceso abierto de tres tiempos

Ahora bien, en el conjunto de dispositivos coordinados por el sofisticado programa informático del cajero automático y en la propia ONG *Guadiana Educa*, con sus ejercicios de observatorio de I+C, aparece un nuevo rasgo que se suma a la citada nota de heterogeneidad, a saber: el carácter abierto a un número indeterminado —potencialmente ilimitado— de usuarios que incrementa sensiblemente la complejidad del proceso D+A. Si convenimos que las "oportunidades de participación" cobran sentido en la medida en que aspiran a convertirse en "impulsos" capaces de agruparse en "acciones" podemos concluir que, en realidad, el proceso D+A opera en tres tiempos: fraccionamiento, conversión y agrupación. Fraccionamiento: el quehacer participativo se desagrega fraccionándose en oportunidades de participación fraccionada. Conversión: las oportunidades PF se convierten en impulsos de participación fraccionada. Agrupación: los impulsos PF se agrupan, complementándose, en acciones de participación fraccionada. Veámoslo con algo más de detalle.

Primer tiempo: fraccionamiento del quehacer participativo en oportunidades PF. El fraccionamiento del quehacer participativo, como acabamos de ver en los ejercicios de observatorio de I+C de *Guadiana Educa,* constituye la actividad inicial o primer tiempo del proceso D+A y consiste en descomponer adrede en "oportunidades de participación" (en adelante oportunidades PF) el potencial desarrollo de un determinado quehacer de interés público con miras a compartir su ejecución entre un número abierto de actores llamados a cooperar sucesivamente.

Segundo tiempo: conversión de oportunidades PF en impulsos PF. Los participantes al aprovechar las sucesivas oportunidades PF las convierten en "impulsos de participación" (en adelante impulsos PF).

Tercer tiempo: agrupación complementaria de impulsos PF en acciones PF. Los sucesivos impulsos PF se agrupan, complementándose, para generar acciones PF. Redactar y fundamentar una queja, aportar a la misma una información o un argumento relevante, localizar la dirección postal de la institución destinataria, imprimir, firmar, franquear y certificar el escrito, etc. son ejemplos de impulsos PF que se agregan complementariamente para generar una acción PF (en este caso, la presentación de una queja razonada ante el Defensor del Pueblo) generadora de nuevas oportunidades PF. Así, cuando alguien se encuentra ante tales oportunidades PF puede actuar a sabiendas de que su impulso PF constituye una decisión cooperativa —ya sea expresa o tácita— apta para agregarse a otros impulsos PF en el seno de un proceso colectivo permanente —que denomino participación fraccionada— en pro de un interés público.

EL PROCESO D+A

FRACCIONAMIENTO
El quehacer participativo se desagrega fraccionándose en

OPORTUNIDADES PF

▼

CONVERSIÓN

Las oportunidades PF se convierten en

IMPULSOS PF

▼

AGRUPACIÓN

Los impulsos PF se agrupan, complementándose, en

ACCIONES PF

La agrupación direccional

Una variante de esta agrupación complementaria de impulsos PF, que constituye un rasgo peculiar del proceso D+A del MPF, es la posibilidad de agrupación direccional de impulsos PF y de acciones PF. Me explico: en el supuesto de los ejercicios de observatorio de I+C de *Guadiana Educa* hemos podido comprobar que pueden aparecen impulsos PF discrepantes e, incluso, antagónicos. ¿Será necesario que tales impulsos PF pasen por el tamiz democrático convencional? Es decir ¿deberán ser sometidos a votación para que el colectivo respalde conjuntamente sólo a aquellos que obtengan el apoyo mayoritario o, por el contrario, los participantes únicamente tendrán que limitarse a aportar cuantos impulsos PF estimen convenientes a sabiendas de que éstos se agruparán a otros impulsos PF complementarios (anteriores o posteriores, individuales o colectivos) para generar acciones PF? En efecto, en el seno del proceso D+A del MPF no se contempla la votación como modalidad de tamiz democrático ya que éste, por definición, no rechaza o descarta ningún impulso PF por minoritario, discrepante o antagónico que sea. Se limita a estimular su agrupación complementaria en acciones PF. En el MPF —y este es un rasgo diferenciador clave— todos los impulsos PF son válidos y aprovechables y, por tanto, potencialmente aptos para agruparse complementariamente y generar acciones PF susceptibles de abrir nuevas vías o direcciones en el proceso D+A del quehacer participativo. Llamaré, pues, impulsos PF direccionales a los impulsos PF que abren nuevas vías o direcciones en el proceso D+A; acciones PF direccionales a las acciones PF que éstos generan y oportunidades PF direccionales a las nuevas oportunidades PF que mantienen en funcionamiento el quehacer participativo.

Llegados a este punto ya sabemos que el proceso D+A: a) está basado en una voluntad cooperativa autónoma, tanto expresa como tácita; b) tiene componentes heterogéneos; c) está al alcance de un número indeterminado de destinatarios, potencialmente ilimitado; d) es interactivo; e) opera en tres tiempos: fraccionamiento, conversión y agrupación; f) su carácter público asegura su apertura y transparencia; y g) requiere la presencia de un determinado soporte *ad hoc* —el cajero automático o, en el último supuesto, el ejercicio de observatorio de I+C—.

Los principios estructurales del MPF

Como ya he indicado, en el MPF, además del principio inspirador que está en la base de su funcionamiento, interactúan los principios operacionales, motivadores, moduladores e instrumentales.

Principios operacionales

Cuatro: de cooperación, complementariedad, publicidad y conectividad. De **cooperación**, que apunta el inequívoco carácter cooperativo o colaborativo, sea expreso o tácito, del proceso D+A. De **complementariedad**, que asegura que los impulsos PF, al agruparse para producir acciones PF, lo hagan complementándose, posibilitando, así, el carácter unidireccional, discrepante e, incluso, antagónico de éstas. De **publicidad**, garante de la transparencia permanente del proceso D+A. En fin, de **conectividad**, que alude al imprescindible recurso a las tecnologías de la infocomunicación y a su libre accesibilidad.

Principios motivadores

Dos: de **afectación directa** y **ecociudadanía**. El principio de **afectación directa**, o de incumbencia, opera cuando la motivación del quehacer participativo, con respecto a un determinado asunto o situación, deriva esencialmente de la previa consciencia de cierto grado de afectación directa o de incumbencia personal, constituyendo esta circunstancia un factor motivacional esencial del ejercicio del derecho de participación política. Por su parte, el principio de **ecociudadanía**, o de autoatribución de legitimidad participativa, es responsable de la incorporación de la dimensión planetaria de la ciudadanía y del conjunto de las funciones inherentes a su ejercicio. Su aportación es exponente de la deliberada intención del MPF de incorporar al utillaje político derivado del mismo las exigencias propias de la nueva democracia ecociudadana o mundial que está en el horizonte de esta iniciativa de ingeniería político-social.

Un ejemplo. Supongamos que se aproximan las elecciones al Parlamento Europeo. ¿Condiciona la nacionalidad el ejercicio del derecho de sufragio activo y pasivo de los residentes en la Unión Europea? ¿Se encontrarían todos los residentes en la U.E. en situación de igualdad jurídica ante ese concreto ejercicio del derecho de participación política?[7] Decididamente no. Y es que, como ha señalado Ferrajoli, *"la ciudadanía, como presupuesto de los derechos, constituye el último privilegio personal, el último factor de discriminación y la última reliquia premoderna de las diferenciaciones por status y, como tal, se opone a la acla-*

---

[7] Véase la iniciativa *Cede tu voto: Comparte ciudadanía, comparte democracia*, 2004. Propuesta de acción ecociudadana promovida por IN-TER/SUR consistente en compartir el derecho de sufragio activo en unas elecciones, dando simbólicamente voz... y voto a los inmigrantes no comunitarios (trabajadores, refugiados y familiares) residentes en la UE, en relación con la adopción de decisiones políticas que les afectan directamente.

mada universalidad de los derechos fundamentales". El hecho de que la ciudadanía conlleve que sólo se puedan ejercer ciertos derechos a través de la pertenencia a una concreta comunidad política, esto es, que sea una condición propia e inseparable del modelo Estado-nacional imperante y, por tanto, ajena al ámbito de la sociedad global en vías de construcción, me llevó a recurrir a principios de los noventa —por motivos eminentemente didácticos— al término ecociudadanía y a emplearlo con un significado distinto del que suele atribuírsele. A saber —vuelvo a recordarlo— del griego *oixo* que significa casa, morada, ámbito vital... y ciudadanía, condición del nacional de un Estado, sujeto pleno de derechos y deberes, facultado para intervenir en su gobierno. La ecociudadanía bien podría expresar la condición de todo ser humano, titular de una parte alícuota de la soberanía mundial, legitimado para intervenir, con independencia de su adscripción nacional o eventual situación de apatridia, en cualesquiera asuntos públicos en pro del desarrollo humano de todos los habitantes del planeta, mediante la satisfacción de sus necesidades, sin comprometer el de las futuras generaciones. En consecuencia, ecociudadano/a sería, aquel ciudadano o ciudadana, consciente de su pertenencia a la sociedad sostenible y de responsabilidad global, que decide autoatribuirse, en el ejercicio de su plena autonomía de voluntad, legitimación para intervenir en el gobierno de la *res pública* planetaria y actúa en consecuencia. Lo que, hoy por hoy, sólo puede ser una actitud cívica: la actitud ecociudadana, entendida como alternativa, responsable, solidaria y comprometida con la definición, formulación y defensa de los intereses comunes de los seres humanos. Sin lugar a dudas, un acto político legítimo de profundización democrática y de emancipación ciudadana, coherente con el hecho histórico de la globalización, asociado al derecho y al deber de participar directamente en los asuntos públicos que afectan a la comunidad internacional en su conjunto —*res pública* planetaria—. Una respuesta a la necesidad de que la sociedad civil afronte paulatinamente el gobierno, a escala planetaria, de los asuntos públicos mediante instrumentos de acción política adecuados.

Principios moduladores

Cinco: de **aquiescencia pactada**, de **cohabitación cooperativa**, de **rol variable**, de **liderazgo abierto** y de **confidencialidad opcional**.

Principio de **aquiescencia pactada**. El término aquiescencia, como es sabido, procede del latín *acquiescentia* y significa asenso, consentimiento. El aquiescente es quien con su inacción o silencio consiente, permite o autoriza. Jurídicamente hablando da su aquiescencia quien pudiendo o debiendo hablar o actuar no lo hace. Alude a la inacción o silencio deliberado, definido previamente, en ejercicio consciente de la autonomía de voluntad, como opción política válida. Pero, ¿cómo opera?, ¿cómo modula el MPF? Se trata de poder reconducir la energía ciudadana potencial, inherente al derecho de participación política no ejercido —absentismo político o inacción— hacia el amplio cauce que propicia el proceso D+A, convirtiéndola en energía ciudadana provechosa y aprovechable por el colectivo que lo pacta. Recurriendo a un símil físico cabría afirmar que el derecho de participación política genera una especie de energía ciudadana potencial susceptible de desaprovecharse. O, lo que es peor, de ser aprovechada torticeramente por quienes, de facto, atribuyen al silencio o a la inacción política interpretaciones interesadas ajenas a la voluntad real de su titular. ¿Es posible lograr que la inacción o el silencio de la ciudadanía, interpretado habitualmente como desidia, apatía, desgana, desmotivación o pasotismo, deje de nutrir la confusión y el creciente absentismo político para, modificada su naturaleza originaria, convertirse en una nueva y peculiar opción de participación política merced al juego de una decisión voluntaria deliberada y previamente advertida? ¿Tendría utilidad social que el hecho de callar o de abstenerse de actuar, lejos de generar especulación y presuponer apatía, desidia, despreocupación o abandono del desempeño de funciones y deberes cívicos, se transformase en gesto claro, provechoso y aprovechable por la ciudadanía? ¿No pondría coto a las variopintas interpretaciones partidistas al uso del fenómeno del abstencionismo político fijar con nitidez el verdadero sentido de estas conductas políticas, es más, dotarlas de un nuevo e incontrovertible significado? ¿No abriría una nueva y ágil opción de participación política, dado que, como veremos, el efecto más destacado del principio de aquiescencia pactada es su capacidad para transformar deliberadamente la inacción consciente y voluntaria en impulso PF?

Principio de **cohabitación cooperativa**. Está asociado a las nociones de tolerancia, pluralismo y eficacia. Alude a la capacidad del MPF para propiciar una nueva dimensión del proceso asociativo-decisional que permite dar cabida en un mismo marco instrumental a enfoques, planteamientos y actuaciones divergentes e, incluso, antagónicos. En el supuesto de los ejercicios de observatorio de I+C de *Guadiana*

Educa opera el principio de cohabitación cooperativa cuando posibilita la formación de dos grupos de participantes con posiciones antagónicas con respecto a la construcción del puente. Y, también cuando todos, ya a favor o en contra de éste, se ponen de acuerdo —asociacionismo blando— para exigir a las Administraciones competentes —participación a la carta— el cumplimiento de la normativa de acceso a la información ambiental que les respalda.

Principio de **rol variable**. Aporta a los intervinientes en un proceso D+A la posibilidad de escoger libremente y en todo momento el papel o rol que deseen desempeñar en su seno.

Principio de **liderazgo abierto**. Permite extender esa libertad de elección de papel o rol al ejercicio del liderazgo de las propias propuestas o iniciativas y al derecho a actuar como portavoz del colectivo en representación de las mismas.

Principio de **confidencialidad opcional**. Dota de seguridad al quehacer participativo al contemplar diversas fórmulas de anonimia dirigidas a minimizar o eliminar por completo el mayor o menor riesgo personal, de diversa índole, que puede aparejar el ejercicio del derecho de participación política. Y no sólo en contextos políticos autoritarios, también en el seno de las democracias representativas al uso.

¿Cuáles son los principales efectos de los principios moduladores sobre el MPF? En síntesis, puedo avanzar que: a) tornan más simple, flexible, dinámico, participativo, autónomo, plural y eficiente cualquier proceso asociativo-decisional; b) proporcionan seguridad al quehacer participativo; c) potencian el carácter virtual, no exclusivo, del ejercicio asociativo-decisional, al facilitar el encuentro, el intercambio de opiniones y la adopción de acuerdos sin necesidad de convocatorias, reuniones y desplazamientos; d) proveen un mayor grado de protagonismo participativo; e) incorporan, a resultas de una aquiescencia previamente pactada, el concepto de inacción deliberada y el mecanismo para que, en la práctica, la abstención o el silencio puedan operar en beneficio colectivo; f) abren el paso a la asunción de cualquier rol o papel; g) hacen innecesarios o superfluos los liderazgos políticos habituales, basados en la asunción, permanente o rotativa, por uno o escasos dirigentes de la iniciativa, la dirección y la representación exclusiva del colectivo; y h) posibilitan que los procesos de índole asociativo-decisional, basados en el MPF, no requieran estatutos reguladores, ni órganos convencionales.

Principios instrumentales

Dos: de **ecociveocio** y **ecociveturismo**. Posibilitan que el MPF asocie, tanto la instrucción y la autoinstrucción cívicas, como el ejercicio del derecho de participación, al creciente fenómeno del ocio y, especialmente, al de la movilidad vinculada al turismo, generando, respectivamente, el ecociveocio y el ecociveturismo.

CIVEOCIO
(*Cive*, del latín *civicus*, de *civis*
relativo al ciudadano y ocio, del
latín *otium*). Modalidad genérica de
ocupación del tiempo libre

**orientada adrede a implementar,
en mayor o menor grado, la
instrucción y el ejercicio del
civismo**

CIVETURISMO
**Variante del civeocio en el ámbito
específico de la actividad turística.**

ECOCIVEOCIO
**(*Eco,* del griego *oixo* —casa,
morada, ámbito vital— para
resaltar el ámbito planetario
común de los seres humanos; *cive*,
del latín *civicus,* de *civis* relativo al
ciudadano y ocio del latín *otium*).
Modalidad de civeocio que
incorpora la dimensión global o
ecociudadana.**

ECOCIVETURISMO
**Modalidad de civeturismo que
integra la dimensión global o
ecociudadana.**

Dadas las características innatas del fenómeno del ocio y, en particular, de la movilidad asociada al turismo, su aprovechamiento para promover procesos de instrucción y de autoinstrucción cívicas y de ejercicio, individual y colectivo, del derecho de participación política constituye un elemento esencial del MPF. En concreto, tres de ellas resultan esenciales: su innato atractivo, la autofinanciación y el desplazamiento espacial que conllevan. En efecto, al tratarse de opciones de disfrute que las personas sufragan con sus propios medios, no sólo se asegura su atractivo (efecto colección autoexpansivo), sino la voluntaria autofinanciación de las actividades asociadas de instrucción y ejercicio del derecho de participación política. Dos elementos, ¡qué duda cabe!, que proporcionan una fórmula ideal para resolver dos interrogantes clave: ¿cómo incorporar de manera natural la dimensión cívica en los seres humanos? y ¿cómo dotar al MPF de las condiciones de autonomía y pluralismo que exige el aprendizaje y el ejercicio de la participación política? Por su parte, el desplazamiento espacial es esencial para afrontar la dispersión, el enfoque intercultural y la multiubicuidad de los asuntos públicos objeto de interés ecociudadano.

CONCLUSIÓN

El MPF es el resultado de la concatenación interactiva de un conjunto de principios que operan en el seno de un proceso que constituye su eje o columna vertebral: el proceso D+A. Un proceso *sui géneris* que opera en tres tiempos: fraccionamiento, conversión y agrupación. De este modo un potencial actor de la participación fraccionada que se encuentre ante una oportunidad PF podrá actuar a sabiendas de que su aprovechamiento —impulso PF—, aunque constituya *per se* un acto político individual, nutrirá un proceso agregativo o cooperativo de largo alcance. De ahí que, pese a ser cierto que la participación fraccionada posibilita, potenciándolo adrede, el ejercicio individual de la acción política, no quepa concluir que fomente el individualismo. Es más, aunque las acciones PF constituyan por naturaleza actos políticos singulares, en su origen puede haber impulsos PF colectivos. Sería el supuesto de aquellos impulsos PF aportados por colectivos ciudadanos que recurran al MPF. En cualquier caso, sean individuales o colectivos, singulares o plurales, respondan a intereses particulares o generales, espontáneos o deliberados, los impulsos PF y las acciones PF nunca serán esfuerzos aislados dado el carácter sucesivo, interrelacionado, cooperativo y, en suma, democrático y plural del proceso D+A.

LA INSTANCIA DE PARTICIPACIÓN FRACCIONADA (IPF)

Concepto, tipología, funciones y soportes

Una visión artística de la IPF
Humberto Jacome Mayanza,[8] Quito, 2004.

DENOMINACIÓN

Instancia, sí, para expresar mejor: a) su predominante rasgo informal, no institucional y espontáneo que la diferencia netamente de las asociaciones y de las organizaciones políticas convencionales; b) su marcado carácter instrumental, matizado por la peculiar nota de imprecisa corporeidad, derivada del sentido jurídico habitual de "instancia", alusivo a los grados jurisdiccionales que la ley establece en juicios y demás negocios; c) su condición de plataforma, vía y oportunidad para la búsqueda de la verdad y la realización de la justicia; en fin, d) su connotación de pretender, reclamar, apelar, exigir, urgir, apremiar, reiterar e insistir en la pronta ejecución de algo, que aporta simbólicamente el *instare* latino. Como veremos, matices pertinentes debidos a su predominante realidad virtual, su uso en pro del republicanismo global y el doble ánimo que la inspira: constructivo, ante la

---

[8] Artista ecuatoriano, al que tuve ocasión de conocer en Quito hace unos años, que tuvo la amabilidad de plasmar en ese lienzo, que me regaló, su interpretación de lo que le había explicado que era una IPF.

complejidad de los retos que debe afrontar; reivindicativo, frente a los poderes establecidos.

REPUBLICANISMO GLOBAL
**Republicanismo ejercido con
actitud ecociudadana.**

Así pues, instancia de participación fraccionada, en lo sucesivo IPF. Cierto que en algún momento pensé denominarla instancia no gubernamental (ING) dada: a) su utilización por y para la sociedad civil; b) su aptitud para desempeñar, de manera más democrática, autónoma, plural, accesible y eficaz funciones propias de las actuales organizaciones no gubernamentales (ONG); su ámbito ecociudadano de actuación que, a su modo, también está presente en el proceso de organización global no gubernamental contemporáneo.

TIPOLOGÍA

Me limitaré a la descripción básica de una IPF tipo dotada de las funciones y de los soportes que, en esta primera aproximación a la herramienta política de nuevo cuño, considero imprescindibles para una práctica de la participación fraccionada asociada a la AAE. Obviamente, la IPF admite una tipología ilimitada que dejo a la imaginación del lector y de los futuros usuarios. Lo esencial es que mantenga sus señas de identidad básicas, íntimamente vinculadas a las funciones y soportes inherentes al quehacer asociativo-decisional a la que sirve. Para qué y cómo se use, se adapte o se limite la tecnología política de nueva generación en la que se fundamenta es cuestión bien distinta.

CONCEPTO

La IPF es una modalidad de herramienta política de aplicación del modelo de participación fraccionada. Nada tiene que ver con instrumentos asociativo-decisionales de carácter convencional como el partido político, las asociaciones para la participación política y, dentro de ellas, las ONG al uso. A diferencia del primero, no aspira ni a legislar ni a gobernar en una democracia representativa. Hoy por hoy, no constituye, pues, plataforma electoral y, en consecuencia, no compite en la lucha por los escaños que permiten a partidos políticos y coaliciones electorales controlar las actuales cámaras legislativas. Tampoco es una asociación para la participación política, ni una ONG, ya que ni reúne los requisitos formales que exigen las normativas que desarrollan en la actualidad el ejercicio convencional de los derechos fundamentales de asociación y participación políticas, ni su actuación se ve limitada, condicionada o restringida por los clichés asociativo decisionales al uso. Su legitimidad no deriva de las urnas, ni de decisiones mayoritariamente adoptadas en asambleas abocadas irremisiblemente a otorgar el poder de representación, de iniciativa y de dirección a uno o escasos dirigentes, merced a periclitadas fórmulas de liderazgos concebidas al efecto. El fundamento de su legitimidad democrática es su condición de plataforma para la autoformación y la acción ecociudadanas (AAE) cooperativa, autónoma, plural y flexible; apta para la cohabitación política; abierta a liderazgos y portavocías espontáneos y cambiantes. Constituye una fórmula o marco de referencia, polivalente, versátil y accesible para el asociacionismo blando y la participación a la carta. Dispone de mecanismos de estímulo y soporte para el autoaprendizaje, así como para el desempeño, individual y colectivo, de las restantes funciones asociadas a la buena práctica del republicanismo. Y, por último, es capaz de desencadenar un quíntuple y permanente efecto de autofinanciación, autoregulación, autoexpansión, autorenovación y de autogeneración de condiciones de autonomía y pluralismo.

FUNCIONES

La IPF desempeña, al menos, las siguientes funciones: tres esenciales y cinco instrumentales.

FUNCIONES

Asociativo-decisional (A+D)
De enseñanza-aprendizaje (E+A)
De iniciativa y control (I+C)
De encuentro y debate (E+D)
De recopilación y almacenamiento (R+A)
De información y asesoramiento (I+A)
De coordinación y gestión (C+G)
De vigilancia y garantía (V+G)

Funciones éstas que disponen del correspondiente soporte para su ejercicio. Expondré las primeras y a continuación aquellos.

Función asociativo-decisional (A+D)

Por las características innatas del modelo de participación fraccionada el desarrollo por la IPF de la función asociativo-decisional modulará la realización práctica del quehacer asociativo y decisional convencional aportando dimensiones inéditas al ejercicio ciudadano de los derechos fundamentales de asociación y de participación. Aparte de la dimensión ecociudadana o global —espacial y actitudinal—, destacaré dos que considero esenciales. De un lado, la IPF, al posibilitar que un número indeterminado de ecociudadanos, cualquiera que sea su posición ante un determinado asunto público, puedan intervenir en múltiples procesos D+A (convirtiendo sucesivas oportunidades PF en impulsos PF generadores de acciones PF), permitirá trascender la tendencia del asociacionismo convencional a la institucionalización, dando paso a una nueva dimensión del hecho asociativo —el asociacionismo blando—. Y es que el libre juego del principio de desagregación-agregación en el proceso D+A es el responsable de que la IPF, no sólo no desdeñe la voluntad asociativa, sino que sirva a todo hecho asociativo imaginable, desde el más institucionalizado y permanente, hasta el más espontáneo, informal y transitorio. De otro, esta eliminación por la IPF de cualquier factor de rigidez asociativa, haciendo posible un asociacionismo en su mínima expresión, tendrá el beneficioso efecto de potenciar el componente, individual —que no individualista— del quehacer político al propiciar una amplia gama de opciones participativas —la participación a la carta—. Modalidad participativa *sui géneris* que, ¡atención!, permitirá añadir, ¿substituir?, a los habituales procesos formales de adopción y ejecución de decisiones propias del asociacionismo convencional, basados en el acuerdo democrático mayoritario, las opciones inéditas derivadas del prometedor desarrollo de los procesos D+A, con todo lo que ello implica. Esto es, en la IPF el quehacer participativo, no sólo no se verá mermado en modo alguno por la ausencia de un previo hecho asociativo formal, sino que adquirirá potencialidades insólitas.

En efecto, la IPF, en comparación con el partido político y las diversas modalidades de asociaciones para la participación política —ONG incluidas— muestra diferencias esenciales. De entrada, en la IPF no se militará, ni se tendrá la condición de miembro o socio, sólo de usuario. El asociacionismo convencional no continuará condicionando la participación política como lo hace en la actualidad, ya que la IPF, más que satisfacer la voluntad ciudadana de asociarse para participar brindará a los ecociudadanos PF innumerables modos de ejercer el derecho de participación política sin necesidad de asociarse convencionalmente. Y es que, como ya he indicado, la legitimidad de la IPF —y éste, insisto, constituirá su rasgo distintivo esencial— no derivará de unas votaciones en el seno de asambleas cerradas que, a muchos efectos, habrán quedado obsoletas, sino de su condición de plataforma ecociudadana generadora de procesos D+A. Realidad ésta que exigirá alteraciones sustanciales en la legislación que desarrolla en la actualidad los derechos fundamentales de asociación y de participación políticas a las que me referiré más adelante.

Su soporte específico es el procedimiento PF o procedimiento de aquiescencia.

Función de enseñanza-aprendizaje (E+A)

Sin un efectivo desarrollo de esta función resulta inconcebible cualquier escenario en el que el MPF constituya realmente una opción generalizada para el quehacer político de los seres humanos. De ahí, tanto la importancia que atribuyo a los procesos de instrucción y de autoinstrucción cívicas y de ejercicio del derecho de participación política; como su peculiar vinculación al fenómeno del ocio y del turismo que, como acabamos de ver, incorpora el MPF, gracias a la acción de los principios instrumentales de ecociveocio y ecociveturismo.

Hablo deliberadamente de enseñanza-aprendizaje para resaltar, como indica Drucker, que en la denominada *"sociedad del conocimiento"* en la que vivimos, caracterizada por un desarrollo del saber exponencial, *"el aprendizaje y la enseñanza no son dos caras de la misma moneda. Son diferentes. Lo que puede enseñarse debe enseñarse y no será aprendido de otro modo. Pero lo que puede ser aprendido, debe ser aprendido".* Se trata, como es sabido, de una concepción del aprendizaje que altera los papeles tradicionales del profesor, que muta a tutor, orientador, guía; y del alumno, que pasa de espectador a protagonista de su propio aprendizaje, entendido como actividad a llevar a cabo de modo permanente, a lo largo de toda la vida. Algo, dicho sea de paso, que aún no ha acabado de entender nuestro sistema educativo anclado, en gran medida, al socorrido *binomio clase-apuntes*,[9] que mantiene en gran medida la lección magistral como principal recurso didáctico y el examen memorístico como generalizado procedimiento de evaluación que tan negativamente condiciona el aprendizaje, provocando el conocido efecto de estudiar para aprobar, tan distante del estudiar para aprender o del quimérico estudiar para innovar, que tanto urge.

---

[9] Tourón, J.; Altarejos, F.; Reparaz, M.R.; *"Los roles del profesor y del alumno en la Enseñanza Universitaria"* en la obra colectiva La pedagogía Universitaria: Un repte a l'Enseyament Superior, Universitat de Barcelona, Barcelona, 1991, pp. 381-387.

Aunque la ausencia de formación es un argumento inaceptable para impedir o limitar el ejercicio de la participación política —el argumento de la incompetencia política—, estimo que a mayor grado de cultura política de los participantes más útil y eficaz resultará ésta para la mejor defensa de los intereses públicos. De ahí la importancia que el modelo propuesto atribuye al desarrollo de esta función de enseñanza-aprendizaje.

Mientras se hablaba de *educación para la ciudadanía* estuve trabajando en una noción sensiblemente más compleja: la autoformación y la acción ecociudadanas o AAE e, incluso, como explico en *El fin de la universidad que... conocemos,* ☞ en su inexcusable extensión a los campus universitarios. Sin lugar a dudas, un requisito ineludible para afrontar la práctica de esa nueva ciudadanía que desborda el estrecho ámbito Estado-nacional y, por supuesto, para sacarle todo su partido a este modelo asociativo-decisional concebido al efecto. Aunque profundizaré más adelante en este asunto, vuelvo a recordar que concibo la AAE como el proceso interactivo permanente de enseñanza/aprendizaje cívico y de participación creciente en la defensa de la *res publica* mundial mediante el que los ciudadanos y las ciudadanas, insertos en un sistema global interdependiente y de frágil y precario equilibrio, cobran conciencia de su pertenencia a la sociedad sostenible y de responsabilidad colectiva; adquieren los conocimientos, los valores, las competencias y la experiencia para ejercer la ecociudadanía con todos los medios disponibles y se afanan en perseverar en su práctica.

Que la IPF incorpore y prime la función de E+A, favoreciendo un proceso simultáneo de AAE ha constituido, desde el inicio una exigencia ineludible a la hora de concebir esta nueva herramienta, ya que: a) el acceso de los seres humanos al, cada vez más exigente, umbral de cultura política no puede quedar exclusivamente en mano de los procesos de enseñanza-aprendizaje formales, vinculados a insuficientes sistemas escolares, sino que debe estimularse y complementarse con estrategias eficaces y accesibles de autoaprendizaje permanente de naturaleza extraescolar, proporcionados desde el propio ámbito de la sociedad civil; y b) tal actividad de E+A es inseparable de su propio ejercicio e implementación material. La AAE constituye, sin lugar a dudas, una tarea extremadamente compleja, asociada a un arduo proceso de sustitución de valores y hábitos imperantes bien arraigados que resultan incompatibles con los principios de interdependencia y sostenibilidad. En suma, un radical cambio de paradigmas —esencial para afrontar la creciente amenaza de los populismos— que implica una ardua y apasionante empresa de socialización política progresiva que debe acometerse con todos los medios disponibles.

La IPF incorpora, pues, un soporte *ad hoc* —el aula PF— para el desempeño de esta función.

Función de iniciativa y control (I+C)

El desempeño de la función de iniciativa y control (I+C) es el objeto fundamental de la IPF, su razón de ser, aunque no la única. Concierne, de un lado, a las tareas de concepción, diseño, presentación y/o ejecución, por parte de la sociedad civil, de iniciativas consistentes en propuestas de soluciones a todo tipo de problemas concretos con relevancia pública; de otro, a las de comprobación, fiscalización y, en su caso, denuncia de cualesquiera acciones u omisiones con incidencia en los asuntos de interés general. De ahí, que esta función genérica de iniciativa y control de la IPF deba desdoblarse en sendos componentes, expresándola con el binomio I+C (función I+C).

La observación es la antesala de la participación ciudadana. Observar es reparar en la realidad con la determinación de examinarla atentamente para averiguar lo que ésta nos depara. Observar implica aguzar múltiples sentidos, ya que exige poner atención, activar la capacidad de inquirir, desplegar al máximo el sentido crítico del individuo, etc. Si partimos de que participar políticamente es, en esencia: a) cooperar en el proceso de adopción de decisiones políticas aportando soluciones creativas e innovadoras a las cuestiones de interés público que se susciten en todos los niveles de la organización social; y b) ejercer con rigor el control del poder, de todo poder con incidencia colectiva, coincidiremos en el decisivo papel previo que juega la observación. Se trata de una tarea que requiere adiestramiento puesto que no es un quehacer fácil. De entrada, precisa de notables dosis de información, formación, dedicación, perspicacia y sentido crítico. El análisis y la interpretación de la realidad política observada también pueden ser tareas complejas, necesitadas de información, formación y asesoramiento especializados. La utilización de los resultados de la observación para generar iniciativas o soluciones exige creatividad y, por supuesto, valentía, audacia, y compromiso cívico, tanto si de lo que se trata es de ejercer el control del poder, como de proponer alternativas que modifiquen el *status quo*. Y, en todo caso, siempre cauces e instrumentos fiables, dotados de notables dosis de autonomía y pluralismo. De ahí nuestra preocupación prioritaria por acondicionar la IPF para el desarrollo satisfactorio de esta función y de cuantas les son complementarias.

La iniciativa

El primer componente del binomio I+C —la iniciativa— aparece en la democracia representativa casi totalmente asociado a la tarea primordial de los partidos políticos en el seno de las cámaras legislativas. Sin embargo, dista mucho de agotarse en ese ámbito. El ejercicio de la iniciativa política en el seno de la sociedad civil es esencial y debe ser potenciada reforzando los mecanismos participativos y directos de la democracia. Desde este punto de vista, en el caso español y en otros muchos, instituciones como el referéndum y la iniciativa legislativa popular, son manifiestamente mejorables y aguardan una profunda revisión constitucional y legislativa cuyas líneas maestras e, incluso, su posible redacción jurídico-formal expusimos en *Democracia vergonzante y ciudadanos de perfil.*

Es más, la iniciativa en la esfera de actuación de las organizaciones sin ánimo de lucro de la sociedad civil —en particular si resulta políticamente incisiva— puede verse limitada debido al ya mencionado *efecto moderación-adulteración*. Y, por supuesto, los componentes inherentes a una educación orientada hacia la creatividad de los individuos.

El autor con un grupo de estudiantes de la Universidad Autónoma de Madrid durante un ejercicio de observatorio de I+C en el Bajo Guadiana, a bordo del "*Isla de Corisco.*

En relación con esto último recuerdo que hace unos años, en el ámbito de un curso de verano de la Universidad Complutense en El Escorial, titulado *"Los jóvenes en un mundo en transformación",*[10] el Prof. Mayor Zaragoza se refirió a la creatividad como la clave para la esperanza y, con su habitual brillantez, invitó a los presentes a la rebeldía, proponiéndoles la adopción de una *actitud creativa, crítica y de protesta* ya que si no —nos advirtió, citando al poeta catalán Jesús Massip— *"las horas volverán y nos encontrarán instalados y dóciles".* Recuerdo que, en la mesa redonda celebrada a continuación insistí, al hilo de esta invitación del ex-Director General de la UNESCO, en que carece de sentido proponer a la juventud que afronte los problemas del mundo —incluida la tarea de diseñar instrumentos de participación política de nueva generación— con actitud creativa, crítica o de protesta, si el sistema educativo no les capacita para ello y la sociedad civil es incapaz de desarrollar por sí misma procesos autónomos de enseñanza-aprendizaje a gran escala para la ecociudadanía.[11]

El Prof. César Díaz-Carrera comenzaba así su intervención en ese mismo curso: *"Nuestra cultura educativa tradicional —y las culturas que la nutren— han tendido a preterir la dimensión creativa respecto de otras prioridades, por lo general, más limitadoras y condicionantes de las mentes. Frente a ella se alza el derecho al desarrollo del potencial humano, la expansión de la consciencia y autonomía individual, en defi-*

---

[10] Mayor Zaragoza, F.; *"La creatividad: Clave para la esperanza"*, en Canteras Murillo, A. (Coord.), Los Jóvenes en un mundo en transformación, Instituto de la Juventud, Madrid 2004. pp. 189-204.

[11] Rasilla, L.; *"La ciudadanía del futuro: La ecociudadanía",* en Canteras Murillo, A. (Coord), *op. cit., p.* 267 y ss.

nitiva, el derecho a recibir una educación creativa y a vivir como lo que genuinamente somos: seres creativos. Un derecho que, en estos momentos, se revela no como un lujo, sino como condición de responsabilidad social si hemos de abordar con posibilidades de éxito los retos a nuestra supervivencia —como Humanidad— en los albores de este siglo apenas inaugurado". Y se preguntaba en voz alta *"¿Qué es crear? (…) De pequeño solía escuchar que 'crear es sacar algo de la nada' y que ese es el atributo de Dios (…) La creatividad* (como atributo del hombre) *tiene que ver con hacer posible lo imposible, trayendo a la existencia algo nuevo y valioso. (…) ¿Se puede enseñar a alguien a ser creativo? (…) La creatividad como tal no se puede enseñar puesto que se trata de una cualidad que, en mayor o menor grado, todos poseemos. Pero sí es posible generar las condiciones para que las personas la desarrollen. Y esto sí que debe constituir una obligación moral y meta profesional de todo enseñante que se precie".*[12]

La realidad es que la demostrada capacidad creativa del ser humano en el ámbito de las ciencias experimentales no se corresponde con la tradicional precariedad de la organización social y la gobernanza del planeta. Y, por supuesto, el panorama educativo se caracteriza por una notable ausencia de la que podríamos llamar educación para la innovación o la creatividad. Y eso sin olvidar que en el contexto de la participación política que nos ocupa, innovación o creatividad, íntimamente asociadas a la capacidad de crítica y de rebeldía del ser humano, se encuentran

---

[12] Díaz-Carrera, C. *"Sugerencias para una educación creativa",* en Canteras Murillo, A. (Coord), *op. cit., pp.* 335-343.

permanentemente amenazada por la falta de autonomía y de pluralismo.

El control

El ejercicio del control, por su parte, constituye una de las funciones clásicas del Parlamento. En el caso español se puede afirmar que no hay un verdadero control del Gobierno por el Parlamento —que, como se comprueba reiteradamente, ni siquiera puede sacar siempre adelante sus comisiones de investigación— sino que se limita a la crítica externa sobre las actuaciones del Gobierno y a su posible influencia en la opinión pública. En la práctica son los medios de comunicación y determinados tipos de asociaciones de la sociedad civil sin ánimo de lucro quienes con más intensidad ejercen el control del Gobierno e, incluso, de los mismos parlamentarios ante la crónica inoperancia de las cámaras legislativas. Sin embargo, si por razones bien conocidas en las que no es necesario detenerse, el control ejercido por los primeros, públicos o privados, no suele ser imparcial, el de las segundas puede resultar disfuncional.[13]

En una democracia ciudadana, entendida como conjunción inteligente y equilibrada de democracia representativa, directa y participativa,[14] el Parlamento y los medios de comunicación tendrían que compartir la función de I+C con los ciudadanos y, además, ésta no debería limitarse a la acción gubernamental, sino a la de todos aquellos actores —Parlamento y parla-

---

[13] Véase un ejemplo simbólico, protagonizado por *Greenpeace,* que conocí de primera mano hace algunos años. ***lee+ (3 pp) pág. 181.***

[14] *Vid* Soriano, R.;Rasilla, L.; Democracia vergonzante y ciudadanos de perfil. Op. Cit.

mentarios incluidos— cuyas intervenciones afectan a los asuntos públicos por tratarse de una actividad política legítima de profundización democrática. De ahí que resulte esencial, tanto adiestrar y habilitar a los ciudadanos para la práctica de esta modalidad de ejercicio del derecho de participación política, como diseñar y activar instrumentos de iniciativa y control *ad hoc* eficaces, independientes, accesibles y fácilmente manejables por la ciudadanía, que incorporen esta función política primordial. En este sentido traeré a colación, por representativo, el intento parcialmente frustrado[15] de exigir desde la ciudadanía —por parte de un observatorio experimental de Control del Diputado, activado en 2002, en el seno del Proyecto INTER/SUR— la aplicación del Reglamento del Congreso de los Diputados en el caso de la conocida situación de reiterada inasistencia a las sesiones plenarias y de comisión por parte del diputado González Márquez, ex-presidente del Gobierno (en sus dos últimos años de parlamentario), dado que son los partidos políticos los que, como se pudo comprobar entonces, se han apropiado *de facto* de esta competencia de control de la principal obligación del parlamentario que, en esta y otras materias, el Reglamento atribuye a la presidencia. Y ya se sabe lo que sucede cuando se encomienda a la zorra que guarde el gallinero...[16]

---

[15] Parcialmente frustrado en el sentido de que no conllevó una actuación sancionatoria directa por parte de la Presidencia de la Cámara Baja, aunque el diputado González Márquez, renuente a renunciar a su escaño, acabó haciéndolo.

[16] *Observatorio de Control del Diputado* (Control del deber de asistencia a los Plenos y Comisiones del Congreso de los Diputados. Asunto González Márquez). Véase Rasilla, L.; *El control ecociudadano de los asuntos públicos como aprendizaje y ejercicio generalizados del derecho de participación política,* en Soriano, R; Alarcón, C; Mora, J.J. (Dirs. edición), Repensar la Democracia, Ed. Aconcagua Libros Sevilla, 2004, pp. 165-188.

Dimensión ecociudadana de la función de I+C

La realidad socio-histórica aconseja extender la función de I+C al ámbito mundial. Hacerlo constituye, como ya he señalado, un acto de emancipación ciudadana del corsé Estado-nacional, coherente con la globalización, cuyo último objetivo es contribuir a una gobernanza humana sostenible. Sin embargo, afrontar en el escenario supraestatal las acciones, con incidencia en los asuntos públicos globales (*res publica* planetaria), de los actores que en él actúan (Estados, Organizaciones Internacionales, intergubernamentales, ONGI, empresas transnacionales etc.), dificulta sobremanera el ejercicio de la versión ecociudadana de esta función. Posibilitar la realización por la sociedad civil de la versión ecociudadana de tales tareas de I+C es el gran reto a largo plazo del MPF y la IPF.

Su soporte específico es el observatorio de participación fraccionada, observatorio de I+C, observatorio PF, o, simplemente, observatorio. Más adelante profundizaré en esta función de I+C al analizar su relación con la AAE y abordar sus principales aspectos a partir de la experiencia de los observatorios acometidos en el ámbito del Proyecto INTER/SUR.

Función de encuentro y debate (E+D)

La decisión de intervenir políticamente en un determinado asunto público, ya liderando un esfuerzo colectivo, ya sumándose para cooperar al mismo en mayor o menor grado, suele ir precedida de algún tipo de relación entre quienes se aprestan a ello y responde a algún tipo de acicate. Debe, pues, considerarse una función fundamental de la IPF el posibilitar el encuentro y el intercambio de ideas entre sus usuarios. La decisión sin debate —apuntaba Benjamin Barber— *"siempre es parca en discernimiento"* ¿Cómo hacerlo?

Los grandes avances en el campo de la infocomunicación permiten, con facilidad creciente, que todo ello acaezca en el seno de las redes sociales sin necesidad de que los interlocutores y eventuales copartícipes se conozcan, se traten o se reúnan personalmente. De hecho, esa especie de encuentro virtual —antesala potencial del asociacionismo blando— constituye un hecho generalizado en nuestros días que posibilita a miles de millones de personas, merced a diversos soportes infocomunicativos, mantenerse diariamente en contacto para intercambiar todo tipo de ideas. Basta, pues, que la IPF ponga a disposición de los usuarios los recursos informáticos necesarios para posibilitar que éstos lleguen a debatir con fluidez sus ideas al respecto —principio de conectividad— y, en su caso, a extraer de ese encuentro virtual estímulos para la participación fraccionada. De ahí, que llame *foro* al soporte específico de esta función, tanto en su sentido de emplazamiento físico, derivado del *forum* o plaza donde se trataba en Roma de los negocios públicos, y en el más moderno y futurible, de carácter no presencial, a distancia o virtual, propiciado por los avances de la infocomunicación, como en su acepción de oportunidad para discutir en público asuntos de interés colectivo. No insistiré, dado que se trata de un fenómeno bien conocido.

Sin embargo, sí deseo llamar la atención sobre dos aspectos que se potenciarían gracias al recurso a la participación fraccionada. A saber, la extensión o prolongación del encuentro y el debate meramente virtual o a distancia al presencial y su reconducción hacia la autoformación y la acción. En efecto, el juego del binomio ecociveocio-ecociveturismo que, como acabo de explicar, está en la base del MPF, facilitará y potenciará enormemente el carácter presencial de esta función, con lo que ello conlleva, gracias al reconocido papel de la movilidad asociada al turismo como ocasión para el entendimiento y el respeto mutuo entre individuos y sociedades y como instrumento de desarrollo personal y colectivo, a los que me he referido en el capítulo anterior. Además, la función de encuentro y debate encontrará su lógica prolongación en la autoformación y la acción que propicia la IPF. Ciudadanos y ciudadanas, futuros ecociudadanos y ecociudadanas, crecientemente interconectados, ora, integrando colectivos más o menos formales como los *grupos de ciudadanos de acción política*,[17] ora, actuando individualmente como ecociudadanos PF o de acción política, superarán, merced a un sinnúmero de oportunidades PF, esa convicción fatal de la neutralidad de sus actos que subyace a la habitual sensación de que las acciones individuales no tienen repercusión y resultan insignificantes para cambiar las cosas. Volveremos sobre esta idea más adelante.

Función de recopilación y almacenamiento (R+A)

Resulta imprescindible que la IPF incorpore la función de recopilación y almacenamiento (R+A) para posibilitar la recepción y la ordenación direccional de los componentes del proceso D+A —oportunidades PF, impulsos PF y acciones PF—. Su soporte sería el archivo, registro o base de datos cuyo principal rasgo

---

[17] *lee+ (4 pp) pág. 177*

—su carácter abierto— explicaré minuciosamente un poco más adelante.

Función de información y asesoramiento (I+A)

La creciente complejidad del mundo contemporáneo aconseja que la IPF permita el desempeño de la función complementaria de información y asesoramiento dirigida a facilitar que el ejercicio del republicanismo pueda llevarse a cabo con un adecuado conocimiento de causa en el manejo de los asuntos públicos, en su dimensión ecociudadana. Un ejemplo: el párrafo segundo de la exposición de motivos de la Ley 27/2006, de 18 de julio, por la que se regulan los derechos de acceso a la información, de participación pública y de acceso a la justicia en materia de medio ambiente, recuerda que el Convenio de la Comisión Económica para Europa de Naciones Unidas sobre acceso a la información, la participación del público en la toma de decisiones y el acceso a la justicia en materia de medio ambiente, hecho en Aarhus el 25 de junio de 1998 (Convenio de Aarhus) parte del siguiente postulado:

> *"... para que los ciudadanos puedan disfrutar del derecho a un medio ambiente saludable y cumplir el deber de respetarlo y protegerlo deben tener acceso a la información medioambiental relevante, deben estar legitimados para participar en los procesos de toma de decisiones de carácter ambiental y deben tener acceso a la justicia cuando tales derechos les sean negado. Estos derechos constituyen los tres pilares sobre los que se asienta el Convenio de Aarhus:*

- El pilar de acceso a la información medioambiental (...) se divide en dos partes: el derecho a buscar y obtener información que está en poder de las autoridades públicas, y en el derecho a recibir información ambientalmente relevante por parte de las autoridades públicas, que deben recogerla y hacerla pública sin necesidad de que medie una petición previa".

- El pilar de participación del público en el proceso de toma de decisiones (...) se extiende a tres ámbitos de actuación pública: la autorización de determinadas actividades, la aprobación de planes y programas y la elaboración de disposiciones de carácter general de rango legal o reglamentario...

- (...) el derecho de acceso a la justicia (que) tiene por objeto garantizar el acceso de los ciudadanos a los tribunales para revisar las decisiones que potencialmente hayan podido violar los derechos que en materia de democracia ambiental les reconoce el propio Convenio..."

En la práctica cotidiana, el recurso por los ciudadanos a la regulación específica de este derecho, en su doble faceta de suministro activo y pasivo de información, puede requerir algún tipo de explicación, aclaración o asesoramiento externo, cuando se trata de afrontar hechos y situaciones concretas. El ejercicio de ese *"derecho a buscar y obtener información que está en poder de las autoridades públicas"* es, para la gran mayoría de los ciudadanos, una tarea compleja necesitada de explicación, aclaración o asesoramiento para saber, entre otras cosas, como hacer frente a los múltiples supuestos en los que las Administraciones públicas hacen caso omiso de la citada ley [18] ¿Qué decir de la exigencia del suministro pasivo de la información, es decir del derecho a recibirla sin que medie una petición previa? ¿Cómo conducirse en lo que respecta a la participación en el proceso de toma de decisiones? ¿A qué atenerse en el ejercicio del derecho de acceso a la justicia para revisar las decisiones que puedan atentar a los derechos en materia de democracia ambiental? Es obvio que la incorporación a la IPF de esta función de información y asesoramiento responde a una necesidad indiscutible. Denominaremos asesoría PF a su soporte.

Función de coordinación y gestión (C+G)

La coordinación y la gestión —mantenimiento, actualización, así como otras múltiples operaciones de carácter logístico— constituyen tareas permanentes que deben poder llevarse a cabo. La agencia u oficina es el soporte instrumental al efecto de la IPF.

Función de vigilancia y garantía (V+G)

Orientada a la propia seguridad y, eventual defensa jurídica de los usuarios de la IPF y de las personas o instituciones afectadas. Su soporte es la defensoría.

---

[18] Mi amplia experiencia en este campo durante las actividades desarrolladas en el ámbito del Proyecto INTER/SUR demuestra la ineficacia de este derecho en la Comunidad Autónoma de Andalucía, donde, prácticamente sin excepción, ha sido necesario recurrir al Defensor del Pueblo Andaluz para lograr la información pretendida, con el agravante de que tampoco han sido atendidos los requerimientos de esta institución en diversas ocasiones como es el caso, por citar uno de los más recalcitrantes, del Ayuntamiento de Lepe, siendo alcalde el socialista Oria Galloso.

SOPORTES

Como he indicado, a cada función de la IPF le corresponde un soporte *ad hoc*.

SOPORTES

Procedimiento PF
Observatorio PF o de I+C
Aula PF
Foro PF
Archivo PF
Asesoría PF
Agencia PF
Defensoría PF

SOPORTES ESENCIALES
Procedimiento PF, observatorio PF y aula PF

Estos tres soportes corresponden respectivamente a las funciones esenciales de la IPF —asociativo-decisional, iniciativa y control y enseñanza-aprendizaje—. Por motivos didácticos los explicaré conjuntamente y en este orden, utilizando al efecto un nuevo supuesto con tres partes: COOPERA, OBSERVA y EMPRENDE.

COOPERA

Imaginemos un nuevo colectivo, con la finalidad de promover procesos de autoformación y acción eco-ciudadanas (AAE), constituido por veinte jóvenes, disidentes de la ONG de nuestro último supuesto *Guadiana Educa*. Lo denominan COOPERA (acrónimo de

Cooperación Ecociudadana "Río Arriba") y es una peculiar asociación sin ánimo de lucro, cuya preceptiva inscripción registral ha sido denegada.

—¿Denegada?

—Sí, ya que COOPERA, en vez de regularse por unos estatutos convencionales, pretende hacerlo por un procedimiento asociativo-decisional inédito [19] que permita ejercer a sus miembros el derecho constitucional de asociación política de un modo absolutamente revolucionario.

—¿Revolucionario?

—Sí.

—¿Consistente en...?

—Estas serían sus características básicas.

COOPERA Y SU PROCEDIMIENTO PF

DENOMINACIÓN. Colectivo para la Cooperación Ecociudadana "Río Arriba" (COOPERA).

OBJETIVO GENERAL: la promoción de procesos de autoformación y acción ecociudadanas (AAE).

OBJETIVO ESPECÍFICO: la defensa del Bajo/Baixo Guadiana.

---

[19] La idea de un procedimiento asociativo-decisional inédito como alternativa a los habituales estatutos sociales surgió en el verano de 1996 con ocasión de una reunión que Ramón Soriano, José Manuel Cantó y el autor mantuvimos en el *"Isla de Corisco"* fondeado en la Ría del Piedras, en las proximidades de El Rompido (Huelva). Ante la propuesta del primero de constituir un grupo o colectivo de opinión y crítica política sugerí un 'procedimiento' *sui generis* como mecanismo mucho más simple y flexible que los estatutos sociales convencionales. El debate generado por esta sugestión y la posterior reflexión en torno al principio de aquiescencia pactada, me permitió perfilar los rasgos y potencialidades del mismo. A partir de esa idea inicial el Prof. Soriano lo aplicó a su propuesta de *"colectivos de opinión a distancia"* y yo al MPF bajo la de nominación de procedimiento asociativo-decisional de aquiescencia pactada o procedimiento PF.

REGULACIÓN. Por el presente procedimiento PF o de aquiescencia.

MIEMBROS. A) Fundadores: los veinte firmantes iniciales de la Declaración individual de participación en el Colectivo COOPERA y de aceptación del presente procedimiento asociativo-decisional o procedimiento de aquiescencia. B) Ordinarios: quienes, a propuesta de dos miembros, sean admitidos y firmen electrónicamente dicha declaración. Se causará baja mediante simple comunicación.

ÓRGANOS: Portal *web —www.coopera.ipf* o, si acabase por imponerse el inglés, *www.coopera.fpi,* de *fractional participation instance—* dotado de la oportuna aplicación de *software* para el funcionamiento de este procedimiento *—app de aquiescencia—*.

FUNCIONAMIENTO

Primero: cada miembro de COOPERA, individual o con otros miembros —proponente—, que desee hacer una propuesta deberá formularla y enviarla, junto con la documentación pertinente, siguiendo el procedimiento informático formalizado contenido en el portal *web* a fin de que se registre, se archive y se distribuya a todos los participantes.

Segundo: los miembros de COOPERA dispondrán de un mínimo de diez días naturales —o de más tiempo, si así lo indica el proponente— para comunicar su posición, que podrá ser: positiva (posición activa positiva), condicionada (posición activa condicionada), negativa (posición activa negativa) y de abstención (posición activa de abstención).

Tercero: se sobreentiende que quienes no respondan en plazo al proponente expresando una posición activa, dan su aquiescencia a la propuesta y su inacción será computada como voto positivo —posición aquiescente—.

Cuarto: transcurrido el plazo mínimo o, en su caso, el indicado en la propuesta, el proponente, si cuenta con el respaldo de los miembros del colectivo, podrá ejecutarla en los términos contemplados en la misma, actuando como representante y portavoz de COOPERA.

Quinto: se entenderá que una propuesta cuenta con el respaldo de COOPERA cuando obtenga el respaldo (posiciones activas positivas + posiciones aquiescentes) de la mayoría simple de los miembros.

Sexto: a efectos de recuento, se considerará que el número de miembros es el que indique el sistema informático en la fecha y hora en que haya tenido lugar la remisión de la propuesta.

Séptimo: el proponente, al actuar como portavoz del Colectivo COOPERA, tiene la inexcusable obligación de mencionar el número de posiciones activas negativas o de abstención que le hayan sido comunicadas en plazo, identificando con nombres y apellidos sólo a aquellos remitentes que lo soliciten expresamente.

FINANCIACIÓN. COOPERA carece de recursos económicos. Son sus miembros, cuando actúan como proponentes, quienes resolverán, o incluirán para que lo resuelva el colectivo, todo lo relativo a la financiación de su propuesta, como si se tratase de un elemento más de la misma.

REPRESENTACIÓN Y PORTAVOCÍA. El proponente que, en el cumplimiento de este procedimiento PF, llegue a estar facultado para actuar como portavoz del colectivo en representación de su propuesta, utilizará siempre la siguiente fórmula de encabezamiento de sus escritos o intervenciones públicas: *D/Dª..., con DNI... en* *nombre propio, como portavoz del Colectivo COOPERA y promotor de la...*

MODIFICACIÓN. Este procedimiento PF podrá ser modificado mediante enmiendas que se incorporarán siguiendo estas mismas reglas.

ANEXO 1. Declaración individual de participación en el Colectivo COOPERA y de aceptación de su procedimiento PF. *D./Da..., con DNI... y dirección electrónica ... expresa su voluntad de formar parte de COOPERA y declara que acepta expresamente el presente procedimiento PF.*

Ya tenemos el soporte de la función asociativo-decisional (A+D): el procedimiento PF o de aquiescencia. Veamos ahora su funcionamiento.

OBSERVA

Un miembro de COOPERA —Teresa (M1)— decide actuar como proponente, elabora y formula su "propuesta" —*impulso PF de liderazgo*— de activar un observatorio de participación fraccionada que denomina OBSERVA (*Observatorio Ecociudadano Permanente del Parque Natural del Bajo/Baixo Guadiana*).

Siguiendo el procedimiento de COOPERA que acabo de detallar —para lo cual utiliza la *app* de aquiescencia específica descargada en su comunicador, término que utilizo para designar con carácter genérico a los múltiples artilugios con los que nos comunicamos en la actualidad (móviles, ordenadores, tabletas... etc)— informa a los restantes 19 miembros, aguarda el plazo previsto para la recepción de sus respuestas y, finalizado éste, comprueba que el cómputo ha sido el siguiente (ver esquema): 18

miembros mantuvieron una "posición activa" respondiendo a su propuesta y uno (M3) no contestó ("posición aquiescente"). De las 18 "posiciones activas", cinco, más la suya, apoyaron la propuesta original ("posiciones activas positivas"), cuatro condicionaron su apoyo a la aceptación de determinadas modificaciones ("posiciones activas condicionadas"), ocho se opusieron ("posiciones activas negativas") y uno (M12) comunicó su abstención ("posición activa de abstención").

MIEMBROS	POSICIONES ACTIVAS			
	Positiva	Aquiescencia	Negativa	Abstención
M1	x			
M2	x			
M3		x		
M4	x			
M5	x			
M6	x			
M7	x			
M8	x			
M9	x			
M10	x			
M11	x			
M12				x
M13			x	
M14			x	
M15			x	
M16			x	
M17			x	
M18			x	
M19			x	
M20			x	
Totales	10	1	8	1

Así las cosas, Teresa decide aceptar los cambios sugeridos y logra el respaldo definitivo de los 4 miembros que condicionaron su respaldo. Por tanto, su iniciativa OBSERVA obtiene el apoyo mínimo exigido por el procedimiento: 10 "posiciones activas" favorables y 1 "posición aquiescente", frente a 8 "posiciones activas negativas" y 1 "posición activa de abstención". Una vez aplicado correctamente —con la ayuda de la *app* de aquiescencia— el procedimiento PF de COOPERA, Teresa tiene vía libre para actuar como líder y portavoz del colectivo y, en consecuencia, desarrollar su iniciativa.

Uno de los elementos que Teresa ha debido incorporar a su propuesta ha sido la publicación en *Internet* de una página electrónica, en español y en inglés, para archivar todo lo relativo al funcionamiento de OBSERVA. Ello, como es sabido, conllevará la adquisición de un dominio *opf* (observatorio de participación fraccionada) o *fpw* (*fractional participation watch*), dependiendo de la sigla que se haya acabado imponiendo, dotada de una base de datos: *www.observa.opf* o *www.observa.fpw*. Así podrán tener acceso permanente a su desarrollo y aprovechar sus oportunidades PF, tanto los sucesivos participantes en los ejercicios de observatorio de I+C, como cualesquiera otras personas o colectivos interesados en el Parque Natural del Bajo/Baixo Guadiana.[20]

A modo de balance provisional diremos que la utilización por COOPERA del procedimiento PF ha posibilitado: a) que la inacción de M3 se transforme en acción provechosa, ya que con su aquiescencia (principio de aquiescencia pactada) contribuyó a que saliese adelante la propuesta de Teresa; b) que los veinte miembros del colectivo elijan libremente su papel en un momento dado (principio de rol variable); c) que se haya podido mejorar la propuesta inicial con las aportaciones de otros miembros; d) que Teresa pueda actuar como portavoz del colectivo asumiendo el liderazgo de su propia iniciativa (principio de liderazgo abierto); e) que se facilite el quehacer asociativo-decisional al recurrir a las modernas tecnologías de la

---

[20] Esta figura legal, aún inexistente, es una reivindicación de los principales colectivos ecologistas hispano-lusos. ☞

infocomunicación (principio de conectividad); y f) que, merced al principio de cohabitación cooperativa, se propicie, aunque tímidamente todavía, esa nueva dimensión del proceso asociativo-decisional que denomino asociacionismo blando y participación a la carta. En suma, un colectivo, potencialmente policéfalo, cuyos miembros pueden desarrollar, sin necesidad de reuniones y con mínimas formalidades, diversas iniciativas mutuamente acordadas; son libres de elegir los papeles que deseen desempeñar —incluido el de líder y portavoz—; y en el que la inactividad o el silencio es susceptible de transformarse en acción útil o provechosa.

—Y de este modo ya tenemos el soporte de la función de iniciativa y control (I+C): el observatorio PF o de I+C.
—¿Y todo eso cómo se financia?
—Ideando una iniciativa al efecto.
—¿Cuál?
—Continúa leyendo.

Ejercicio de observatorio en el vertedero municipal ilegal de VFU creado por el Ayuntamiento de Lepe, en estrecha colaboración con EGMASA, en el Camino de los Barrancos (Lepe). II Curso de Verano de Doñana, julio, 2000.

EMPRENDE

Pablo (M2), que es economista, elabora una propuesta complementaria para resolver la cuestión financiera y, al mismo tiempo, generar una opción de autoempleo para varias personas. Su plan es constituir una pequeña y sencilla empresa cooperativa denominada EMPRENDE (acrónimo de Emprendimiento de Desarrollo Ecoturístico). Para ello, como ya hiciera Teresa, activa el procedimiento PF de COOPERA y obtiene el respaldo necesario.

Aula náutica en el bajo Guadiana a bordo del *"Isla de Corisco"*.

Su idea consiste en combinar el turismo con la autoformación y la acción ecociudadanas de manera que el primero financie las segundas. EMPRENDE, pues, se dispone a comercializar en el marco de COOPERA, con criterio ecoempresarial, atractivas actividades de tiempo libre asociadas al binomio ecociveocio-ecociveturismo: las *Aulas náuticas de los fines de semana itinerantes en el Guadiana* estrechamente vinculadas a OBSERVA y a sus ejercicios de observatorio PF o de I+C. Como se ve, la iniciativa de Pablo para autofinanciar OBSERVA introduce el soporte de la función de enseñanza-aprendizaje (E+A): el aula PF. Un elemento que, dicho sea de paso, brilla por su ausencia en los instrumentos asociativo-decisionales convencionales, llámense partidos políticos u ONG.

SOPORTES INSTRUMENTALES

Foro PF

En el supuesto que acabamos de exponer OBSERVA+EMPRENDE desempeñan esta función de encuentro y debate mediante las actividades de *Aulas náuticas de los fines de semana en el Guadiana* y sus correspondientes observatorios de I+C. En efecto, además de la placentera aproximación directa al problema ambiental objeto de observación, las aulas náuticas proporcionan a los sucesivos participantes la ocasión del encuentro y del debate en un clima de convivencia personal. Y también lo hace, a su modo, el portal web *observa.opf* u *observa.fpw* [21] dándolo a conocer a los participantes y poniéndolo a disposición de los interesados, hayan tenido ocasión o no de intervenir en dichas actividades de campo presenciales.

Archivo PF

Cuando nuestros amigos de COOPERA incluyeron en la referida página electrónica un potente archivo, registro o base de datos para reunir, debidamente

---

[21] OPF (observatorio de participación fraccionada) o FPW (fractional participation watch) dominios inexistentes hoy, pero puede que no en el futuro.

ordenados, todos los aspectos relevantes del quehacer del *Observatorio Ecociudadano permanente del Parque Natural del Bajo/Baixo Guadiana,* eran conscientes de que para el ejercicio de la participación fraccionada es preciso que cualquier individuo o colectivo dispuesto a aportar sus propios impulsos PF pueda hacerlo conociendo de antemano las aportaciones previas de otros participantes. Esto es, debe poder acceder al contenido íntegro del proceso D+A del quehacer participativo. De ahí, que la actividad de los participantes en las *Aulas Náuticas de los fines de Semana Itinerantes del Guadiana* no debía reducirse al mero aprovechamiento de las oportunidades PF concretas que les brindase la observación guiada por el monitor de turno, sino a poder continuar practicando *a posteriori* la participación fraccionada mediante un observatorio dotado de un potente archivo, registro o base de datos.

En realidad, tal medida tenía la doble finalidad de que todos los sucesivos participantes en OBSERVA, ora, mediante los ejercicios de observatorio de I+C incorporados a las *Aulas Náuticas de los fines de Semana Itinerantes del Guadiana;* ora, vía internet, pudiesen: a) tener acceso al mismo en todo momento; b) seguir su evolución; y c) estar en condiciones de aprovechar las sucesivas oportunidades PF que éste fuese brindando.

Así, cualquier persona conocedora del MPF, interesada en OBSERVA, dispondría de la oportunidad —oportunidad PF— de mantenerse informada de su marcha en todo momento y, en su caso, de intervenir en el mismo. Pensemos en un informático que se ofreciera a mejorar el funcionamiento del portal del observatorio, un ingeniero de caminos que enviase un mensaje aportando una serie de indicaciones técnicas en relación con las alternativas de construcción del puente, un mecenas que, a través de una fundación sin ánimo de lucro, se ofreciese a hacerse cargo de su coordinación y gestión o, tal vez, un abogado dispuesto a asesorar o, incluso, a asumir personalmente la defensa legal de determinados participantes a los que se pretendiese represaliar. Tales personas, desde sus casas, oficinas o cualquier otro lugar con acceso a la página electrónica de OBSERVA, convirtiendo su ocio en ecociveocio, estarían en disposición de ejercer la participación fraccionada aportando sus propios impulsos PF que se incorporarían paulatinamente a su archivo, registro o base de datos. Como se puede apreciar se trata de un soporte imprescindible para el desempeño por la IPF de la función de recopilación y almacenamiento.

En consecuencia, concibo el archivo de la IPF como una potente base de datos, de carácter público, que posibilite la recepción, almacenamiento y ordenación de los principales componentes del proceso D+A —oportunidades, impulsos y acciones PF—, dotada de un eficiente motor de búsqueda para que toda persona o entidad interesada acceda fácilmente a su contenido para decidir libremente el papel que, en aplicación del principio de rol variable, desea desempeñar, incluida la opción de liderar sus propias iniciativas —principio de liderazgo abierto—.

Debo resaltar que cuando apunto que el archivo de la IPF debe ser público, me refiero, tanto, a que éste pueda ser utilizado por quien lo desee —carácter abierto—; como, a que sea plenamente accesible a cualquier usuario de ésta —plena accesibilidad—.

El carácter abierto y accesible del archivo

Pero ¿abierto y accesible a quién? Propongo un modelo público sin restricciones de acceso que ponga toda la información recopilada a disposición de cualquier persona o colectivo interesado en intervenir en el ámbito de actuación de la IPF. Una experiencia concreta, que llevé a cabo, a principio de los 80, desde el Rectorado de la Universidad Nacional de Educación a Distancia, cuando fui director de su gabinete técnico, ayudará a comprender mi propuesta.

En octubre de 1982, la Profa. Elisa Pérez Vera, la primera mujer elegida rectora de una universidad española, se encontró con un centro académico que califiqué entonces de *"universidad frontón"*. Sus decenas de miles de alumnos tenían serias dificultades para comunicar con la sede central debido al raquítico sistema telefónico disponible. Sus muchas y más que justificadas quejas —inasistencia de profesores a sus guardias, carencia de material didáctico, retrasos en la entrega de calificaciones, etc.— rebotaban a diario ante una universidad en la que la falta de medios —y de dedicación de parte de sus miembros, que todo debe decirse— hacía que la atención al alumnado no pareciese constituir una de sus preocupaciones prioritarias. Pues bien, en ese lamentable contexto, tras recibir instrucciones precisas de la rectora de dar un vuelco total a dicho estado de cosas, me apresuré a poner en marcha un ambicioso programa de mejora radical del sistema de comunicaciones[22] que, para mayor eficacia, asocié a un peculiar e inédito mecanismo público de seguimiento y control. Se trataba de un simple sistema de quejas y sugerencias a través de un teléfono permanente dotado de varias líneas y conectado a un contestador automático que grababa los mensajes de sus usuarios. A simple vista un recurso nada original de no ser por los dos rasgos peculiares que lo completaban. De un lado, una especie de operativo de urgencia que obligaba a los decanos y directores afectados a dar una respuesta o explicación inmediata al rectorado sobre cada queja dirigida contra algún miembro del profesorado o del personal de administración y servicios adscrito a la facultad o escuela; de otro —y es el que me interesa resaltar ahora—, una especie de archivo o registro público de las sugerencias y quejas almacenadas en el contestador. Diariamente, Carmen Rosa, mi eficientísima colaboradora, no sólo transcribía un resumen de lo grabado, activaba el operativo de urgencia, mediante el que un bedel distribuía entre decanos y directores unos folios rojos que —por orden directa de la Rectora— debían ser atendidos sin demora, sino que, semanalmente, ponía a disposición de la representación estudiantil de la UNED, o de quien estuviese interesado —medios de comunicación incluidos, si lo hubiesen solicitado— las grabaciones del contestador con todas las sugerencias y quejas y recibidas. Es decir, la UNED, *motu poprio*, ofrecía a los representantes estudiantiles y a otros potenciales interesados un conjunto de datos internos sensibles para facilitarles (oportunidades de participación) el desempeño eficiente de la iniciativa y el con-

---

[22] Del que aún pervive el popular y utilísimo BICI (Boletín Interno de Coordinación Informativa) cuyo número cero concebí, diseñé, redacté y escribí a máquina personalmente a principios de 1983.

trol en relación con la marcha de la universidad (función I+C). Un recurso, lamento decir, que contra todo pronóstico, nunca fue utilizado por los representantes estudiantiles. Y ello, a pesar de que, dada la reiterada constatación fehaciente de actuaciones y omisiones punibles, a poco celo que hubiesen desplegado, habrían contribuido a poner coto al conocido corporativismo universitario, forzando la apertura de más de un expediente disciplinario plenamente justificado.

Asesoría PF

Pero ¿cómo dotar de soporte específico a la función I+A de la IPF? ¿Cómo asegurar las condiciones de autonomía y pluralismo que requiere su desempeño? En teoría, en el contexto de un funcionamiento generalizado del MPF esto no debería plantear problemas dado que esta función constituye un aspecto integrante del propio proceso de participación fraccionada. Los que podríamos denominar impulsos PF de información y asesoramiento —en adelante, impulsos PF de asesoría— bien podrían ser respuestas a las oportunidades PF de asesoría aprovechadas por aquellos usuarios interesados en participar en este ámbito de actividad. Sería el caso de nuestro anterior ingeniero de caminos que podría enviar un mensaje aportando indicaciones técnicas. Esto es, en el funcionamiento ordinario de una IPF, la función de información y asesoramiento podría ser asumida por aquellos participantes cuya contribución a la misma consistiera en poner sus conocimientos al servicio de esta función I+A y dar respuesta así a las cuestiones paulatinamente suscitadas por otros usuarios de la IPF. Tales impulsos PF de asesoría estarían disponibles en el archivo, registro o base de datos, merced a la función

R+A anteriormente descrita. Obviamente, una determinada IPF también podría desempeñar esta función directamente si se dotase de una asesoría *ad hoc*.

Agencia PF

Dominio, hospedaje, diseño y publicación en *Internet*. Adquirir un dominio electrónico y hospedarlo en un servidor es una tarea fácil. Diseñar el portal, sitio o página electrónica y dotarlo de la correspondiente *app PF* es una cuestión técnica perfectamente asequible. No obstante, aunque la *app PF* facilitase la actuación de los usuarios de la IPF hay determinadas tareas logísticas (mantenimiento, actualización y mejora técnica del portal, sitio o página electrónica, financiación del soporte informático y otras) que deben ser provistas por una organización soporte. Una cuestión técnica factible y no necesariamente costosa. Además, del mismo modo que se ha indicado en relación con la función R+A, nada obsta, para que la función C+G se integre en el propio proceso de participación fraccionada y se lleve a cabo mediante específicos impulsos PF de coordinación y gestión —en adelante, impulsos PF de agencia— aportados por determinados usuarios en respuesta a las correspondientes oportunidades PF de agencia que brinde una determinada IPF.

Defensoría PF

El último de los soportes instrumentales de la IPF es la defensoría PF que desempeña la función de vigilancia y garantía. Orientada a la propia seguridad y, eventual defensa jurídica de los usuarios de esta y de las personas o instituciones afectadas. Una función, entiendo, que también puede ser objeto del propio proceso de participación fraccionada y llevarse a cabo mediante impulsos PF de defensoría aportadas por los propios usuarios en respuesta a las correspondientes oportunidades PF de defensoría, como en el caso del anterior penalista, dispuesto a asumir la defensa de determinados participantes represaliados por responsables políticos de corte fascistoide.[23]

---

[23] Los dirigentes de la *Fundación Pura Vida* podrían explicar cómo se las gastaba el entonces alcalde de El Granado —Juan Manuel Burga—. O los promotores de *www.leperos.com...prometidos,* el talante represor del ex-alcade de Lepe, ex-senador y ex-diputado al Congreso J. Oria Galloso. O los amigos de *Ojo con el Guadiana-Ecologistas en Acción,* el ex-alcalde de Ayamonte (Rafael González) y tantos otros, víctimas de algunos representantes de uno y otro signo político de nuestra flamante *democracia vergonzante*

EL TRÁNSITO HACIA LA IPF
Estatutos *versus* procedimiento de aquiescencia

—¿Tránsito? ¿Te refieres a la substitución o reemplazo de las organizaciones de la sociedad civil por esa nueva herramienta que propones?

—No exactamente: hablar de relevo sería a todas luces precipitado.

—¿Ahora no, pero sí en el futuro?

—Probablemente a largo plazo. Cuando digo tránsito me refiero al proceso mediante el que una organización sin ánimo de lucro de la sociedad civil —una ONG, por ejemplo— incorpora experimentalmente la técnica asociativo-decisional de participación fraccionada en un ámbito específico de su actividad. Me explicaré.

Hace bastantes años, en el curso de un debate en Madrid, en la Fundación FAES, sobre los problemas de la gobernanza —al que fui invitado por el abogado Jesús Vozmediano (†) y el biólogo Dr. Javier Castroviejo—, debí excederme en mis afirmaciones, a juzgar por la agresiva reacción ante mis palabras de la joven que representaba en la mesa a una de las organizaciones ambientalistas más conocidas, sobre el impacto del *efecto moderación-adulteración*. Le respondí así: *recuerdo que, cuando tenía tu edad, el Seat "seiscientos" era el vehículo más popular en este país. Hicieras lo que hicieras, el pequeño coche apenas alcanzaba los 120 km por hora. No obstante, había quienes manipulaban su motor "recortándole" la culata y, mira por donde, aquel "seiscientos" trucado reaparecía en escena rugiendo como un Porsche y superando sus estándares de velocidad... Lo que quiero decirte es que si a tu organización se le aplicase la tecnología política de la participación fraccionada que acabo de esbozar, seguramente resultaría mucho más abierta, democrática, autónoma y eficaz.* De ahí surgió la reflexión en torno al tránsito hacia la IPF mediante el acoplamiento experimental y progresivo de la técnica de la participación fraccionada a los instrumentos asociativo-decisionales convencionales. Reflexión estimulada algún tiempo después cuando comprobé personalmente —en un asunto en el que intervino *Greenpeace*— cómo este tipo de organizaciones pueden, en determinadas situaciones, resultar altamente disfuncionales. ***lee+ (3pp) pág.181***

—¿Y eso puede hacerse?

—Sí, al menos teoría, ya que la actual concepción del asociacionismo plasmada en el ordenamiento jurídico podría ser, como luego referiré, un obstáculo.

—¿Cómo?

—Pues creando en el seno de las mismas un área o ámbito virtual de ecociudadanía. Me alegra que quieras saberlo pues ella, por supuesto, ni me lo preguntó. Y, si te soy sincero, apenas tengo esperanzas que esto pueda interesarle lo más mínimo a ningún dirigente actual, ya sea de una ONG o de cualquier otro tipo de asociación para la participación política.

EL ÁMBITO VIRTUAL DE ECOCIUDADANÍA (AVE)

Un AVE —quise denominarlo así en recuerdo de la chica que, sin posarse un instante, prosiguió su vuelo— es un ámbito genérico de actuación de una asociación para la participación, delimitado por acuerdo de sus miembros, que queda fuera del control de sus órganos regulares de gobierno, gestión económica y representación. Es decir, un área específica de su objeto social estatutario acotada y abierta al ejercicio de la técnica asociativo-decisional de la participación fraccionada.

El AVE incorpora una o varias *áreas de libre actuación* (ALAs) —donde se puede compartir el poder de iniciativa y control con personas y colectivos no miembros— y uno o varios *procedimientos alternativos de asociacionismo* (PATAs) del tipo del procedimiento PF o de aquiescencia adoptado por COOPERA. Y para reforzar su autonomía y minimizar la incidencia del citado efecto de moderación-adulteración, puede financiarse mediante *planes transparentes de autofinanciación* (PLANTAs). Además, dado que en el AVE opera el principio de ecociudadanía o de auto-atribución de legitimidad participativa inherente al MPF, pueden promoverse en su seno *programas específicos de concienciación ecociudadana* (PECEs). AVE, PLANTAs Y PECEs, aunque sólo sea para merecer la atención de los ecologistas.

El AVE, pues, es un espacio asociativo-decisional abierto al asociacionismo blando y a la participación a la carta en el que se generaliza el poder de iniciativa y de control, cabe la adopción de acuerdos vinculantes a distancia y se socializan las facultades de gestión, representación y portavocía del colectivo, abriendo paso en su seno a nuevas opciones de liderazgos espontáneos y cambiantes.

**AVE
ÁREA VIRTUAL DE
ECOCIUDADANÍA
El AVE es una IPF *sui géneris***

**incorporada a un instrumento
asociativo-decisional
convencional para posibilitar el
ejercicio de la ecociudadanía,
mediante la técnica de la
participación fraccionada, en
un ámbito material
previamente acotado.**

CONFIGURACIÓN

Para su configuración hay, pues, que: a) delimitar el AVE; b) determinar la o las ALAs del AVE; c) fijar la o las PATAs del AVE; d) eventualmente, promover plan o *planes transparentes de autofinanciación* (PLANTAs) y/o *programas específicos de concienciación ecociudadana* (PECE/s); e) adoptar su regulación, ya incorporándola, previa decisión del órgano competente de un colectivo convencional, a unos estatutos existentes —vía inclusión de enmiendas o disposiciones adicionales a los mismos—; ya agregándola a los estatutos fundacionales de un nuevo colectivo; f) adquirir un dominio *web*; g) hospedarlo en un servidor; h) diseñar el portal web, incluyendo la correspondiente *app* PF o *app* de aquiescencia que posibilite el ejercicio del procedimiento específico acordado; en fin, i) publicarlo en *Internet*.

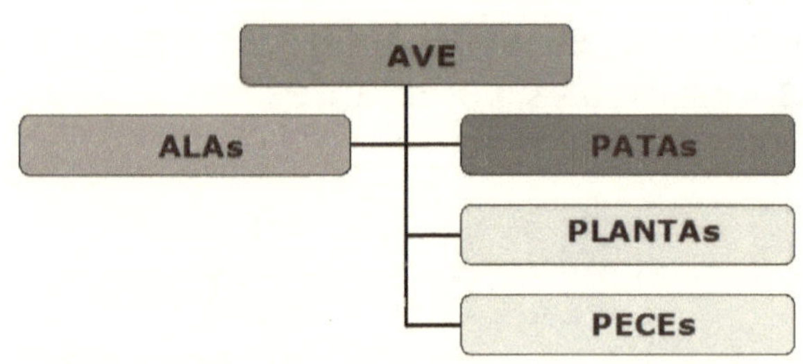

Veámoslo en la práctica con un ejemplo. Imaginemos que un aspirante a secretario general de *GUADIANA EDUCA,* preocupado por la incidencia en la misma del *efecto moderación-adulteración* que, entre otros hechos, ha motivado la salida de la ONG de los veinte miembros fundadores de COOPERA, propusiese en su programa de candidatura incorporar, con carácter experimental, la técnica asociativo-decisional de participación fraccionada para que ésta opere con más autonomía. ¿Qué pasos concretos debería dar?

Delimitación del ave

Supongamos que, en el caso de la *Asociación Guadiana Educa*, el artículo 3º del título II (objetivos y medios de acción) de sus estatutos estableciese: *"El objetivo general de Guadiana Educa es la promoción, desde la sociedad civil, del desarrollo sostenible, de la educación ambiental, la defensa del patrimonio natural y cultural y la articulación territorial hispano-lusa en el Guadiana atlántico".* Dado que delimitar un AVE consiste en acotar un determinado aspecto del objeto social del colectivo establecido por sus estatutos, acordemos seleccionar al efecto *"la articulación territorial hispano-lusa en el Guadiana atlántico".* Ya tenemos el AVE que incorporaremos a los estatutos de GUADIANA EDUCA del siguiente modo:

PROPUESTA DE ACUERDO DE MODIFICACIÓN DE LOS ESTATUTOS DE *GUADIANA EDUCA* PARA LA INCORPORACIÓN DE UN AVE

La Asamblea General de *GUADIANA EDUCA*, reunida para debatir y someter a votación la propuesta de su Consejo Directivo de modificación de sus Estatutos para incorporar un Ámbito Virtual de Ecociudadanía,

ACUERDA por unanimidad las siguientes modificaciones de sus Estatutos:

Primero: Incluir en el Preámbulo tres nuevos considerandos, a saber:
"Que es prioritario cooperar activamente en la experimentación y la ejecución colectivas de una estrategia de ingeniería político y social innovadora a medio y largo plazo que impulse a gran escala la ecociudadanía".
"Que la estrategia, para ser viable, debe reunir una serie de características irrenunciables, destacando: su carácter internacional, no gubernamental, no partidario, plural, democrático, su independencia de los poderes fácticos y su total apertura a la ejecución colectiva por parte de la ciudadanía".
"Que su puesta en marcha exige la promoción de nuevas herramientas para la autoformación y la acción ecociudadanas".

Segundo: Añadir al final del artículo 3 la frase *"en una perspectiva ecociudadana."*

Tercero: Modificar el artículo 4 incluyendo los siguientes nuevos apartados:
"Desarrollar y potenciar la investigación y la experimentación de metodologías educativas y asociativo-decisionales innovadoras en el ámbito de la Estrategia ECOCIUDADANÍA 3.0".

Cuarto: Incorporar las siguientes disposiciones adicionales:

DISPOSICIÓN ADICIONAL PRIMERA
Para incorporar la técnica asociativo-decisional de participación fraccionada, la ASAMBLEA GENERAL podrá, por mayoría simple: a) delimitar uno o más Ámbitos Virtuales de Ecociudadanía (AVE), dotados de cuantas Áreas de Libre Actuación (ALA/s) estime conveniente. Even-

tualmente podrá promover en su seno planes transparentes de autofinanciación (PLANTAs) y programas específicos de concienciación ecociudadana (PECE/s)".

DISPOSICIÓN ADICIONAL SEGUNDA

"El Área o áreas de libre actuación (ALA/s) del AVE/ GUADIANA EDUCA se regularán exclusivamente por sus correspondientes procedimientos PF o procedimientos de aquiescencia, que formarán parte de los presentes Estatutos y sustituirán, a esos efectos, lo establecido por ellos en los títulos IV (de los socios), V (de los órganos de representación, gobierno y administración) y VI (del régimen económico) de los mismos..."

DISPOSICIÓN ADICIONAL TERCERA

"Todas las actividades acometidas en las Áreas de Libre Actuación (ALA/s) deberán ser financiadas mediante Planes Transparente de Autofinanciación (PLANTA/s) para reforzar su autonomía y minimizar el riesgo de moderación-adulteración".

El ALA del AVE

Escojamos ahora un área de libre actuación dentro del ámbito concreto de *"la articulación territorial hispano-lusa en el bajo Guadiana"*. Por ejemplo: *las conexiones viarias* y, dentro de ellas, *la conexión viaria sobre el río Chanza en Pomarao (Portugal)* que denominaremos ALA 1.

La PATA del AVE

Complementemos ahora el ALA 1 con el procedimiento alternativo de asociacionismo (PATA), esto es con un procedimiento PF o de aquiescencia similar al adoptado por COOPERA. A continuación sugiero el siguiente texto orientativo:

PROCEDIMIENTO PF O DE AQUIESCENCIA DE REGULACIÓN DEL ÁREA DE LIBRE ACTUACIÓN (ALA 1) DEL ÁMBITO VIRTUAL DE ECOCIUDADANÍA (AVE) DE GUADIANA EDUCA

OBJETIVO: Regulación del funcionamiento del ALA 1.

REGULACIÓN. Por el presente procedimiento PF o de aquiescencia.

MIEMBROS. Los socios de GUADIANA EDUCA.

ÓRGANOS: Portal *web —www.aveguadianaeduca.ipf* dotado de la oportuna aplicación de *software* para el funcionamiento de este procedimiento *—app de aquiescencia—*.

FUNCIONAMIENTO

Primero: cada miembro de GUADIANA EDUCA, individual o con otros miembros —proponente—, que desee hacer una propuesta deberá formularla y enviarla, junto con la documentación pertinente, siguiendo el procedimiento informático formalizado contenido en el portal *web* a fin de que se registre, se archive y se distribuya a todos los participantes.

Segundo: los miembros de GUADINA EDUCA dispondrán de un mínimo de diez días naturales —o de más tiempo, si así lo indica el proponente— para comunicar su posición, que podrá ser: positiva (posición activa positiva), condicionada (posición activa condicionada), negativa (posición activa negativa) y de abstención (posición activa de abstención).

Tercero: se sobreentiende que los miembros que no respondan en plazo al proponente expresando una posición activa, dan su aquiescencia a la propuesta y su inacción será computada como voto positivo —posición aquiescente—.

Cuarto: transcurrido el plazo mínimo o, en su caso, el indicado en la propuesta, el proponente, si cuenta con el respaldo de los miembros del colectivo, podrá ejecutarla en los términos contemplados en la misma, actuando como representante y portavoz del AVE GUADIANA EDUCA.

Quinto: se entenderá que una propuesta cuenta con el respaldo de GUADIANA EDUCA cuando obtenga el respaldo (posiciones activas positivas + posiciones aquiescentes) de la mayoría simple de los miembros.

Sexto: a efectos de recuento, se considerará que el número de miembros es el que indique el sistema informático en la fecha y hora en que haya tenido lugar la remisión de la propuesta.

Séptimo: el proponente, al actuar como portavoz del AVE GUADIANA EDUCA, tiene la inexcusable obligación de mencionar el número de posiciones activas negativas o de abstención que le hayan sido comunicadas en plazo, identificando con nombres y apellidos sólo a aquellos remitentes que lo soliciten expresamente.

FINANCIACIÓN. El AVE GUADIANA EDUCA carece de recursos económicos. Son sus miembros, cuando actúan como proponentes, quienes resolverán, o incluirán para que lo resuelva el colectivo, todo lo relativo a la financiación de su propuesta, como si se tratase de un elemento más de la misma.

REPRESENTACIÓN Y PORTAVOCÍA. El proponente que, en el cumplimiento de este procedimiento PF, llegue a estar facultado para actuar como portavoz del AVE GUADIANA EDUCA en representación de su propuesta, utilizará siempre la siguiente fórmula de encabezamiento de sus escritos o intervenciones públicas: *D/Dª..., con DNI... en nombre propio, como portavoz del AVE GUADIANA EDUCA y promotor de la iniciativa...*

MODIFICACIÓN. Este procedimiento PF podrá ser modificado mediante enmiendas que se incorporarán siguiendo estas mismas reglas.

Y todo ello posible —lo recordaré— dado que la IPF, por las características que acabo de referir, modula la realización práctica de la función asociativo-decisional (A+D) propiciando las nuevas dimensiones del hecho asociativo y del quehacer participativo que he llamado asociacionismo blando y participación a la carta. Al posibilitar que un número indeterminado de ecociudadanos, cualquiera que sea su posición ante un determinado asunto público, puedan intervenir en múltiples procesos D+A (convirtiendo sucesivas oportunidades PF en impulsos PF generadores de acciones PF), permitirá trascender la tendencia del asociacionismo convencional a la institucionalización. Y es que, como vimos, el libre juego del principio de desagregación-agregación en el proceso D+A es el responsable de que la IPF no sólo no desdeñe la voluntad asociativa, sino que sirva a todo hecho asociativo imaginable, desde el más institucionalizado y permanente, hasta el más espontáneo, informal y transitorio.

Esta eliminación por la IPF de cualquier factor de rigidez asociativa —facilitadora de un asociacionismo en su mínima expresión— tendrá el beneficioso efecto de potenciar el componente individual del quehacer político al propiciar una amplia gama de opciones participativas *sui géneris* que, ¡atención!, permitirá añadir a, ¿substituir?, los habituales procesos formales de adopción y ejecución de decisiones propias del asociacionismo convencional, basados en el acuerdo democrático mayoritario, las opciones inéditas derivadas del prometedor desarrollo de los procesos D+A, con todo lo que ello implica. Esto es, en la IPF el quehacer participativo no sólo no se verá mermado en modo alguno por la ausencia de un previo hecho asociativo formal, sino que adquirirá potencialidades insólitas.

Dada esta nueva dimensión del hecho asociativo y del quehacer participativo, se puede afirmar que la IPF, merced al juego del principio de cohabitación cooperativa —principio modulador del MPF, asociado a las nociones de tolerancia, pluralismo y eficacia—, al dar cabida a voluntades dispares e, incluso, antagónicas opta por la generalidad del marco asociativo-decisional frente a la particularidad. Recordemos cómo intervenía el principio de cohabitación cooperativa en el programa de ejercicios de observatorio organizado por *Guadiana Educa* posibilitando la formación de dos grupos de participantes con posiciones contrapuestas o antagónicas con respecto a la construcción del puente y de sus accesos. Y, también, cuando todos, ya a favor o en contra, no dudaron en exigir a la Administración el cumplimiento de la normativa de acceso a la información ambiental.

¿Un soporte para el individualismo?

Obviamente el recurso a una herramienta política potencia el desempeño del quehacer participativo. Tomemos como referencia del asociacionismo político la militancia en un partido o la pertenencia a una asociación para la participación política, por ejemplo, una ONG, por citar los dos principales útiles convencionales a los que pueden acceder los ciudadanos en la actualidad para ejercer los derechos fundamentales de asociación y de participación. El partido político o la ONG, al proporcionar una plataforma *ad hoc* para el asociacionismo y la participación, refuerzan el ejercicio de tales derechos por sus militantes y miembros en comparación con quienes, desde fuera de tales estructuras, se limitan a dar su voto al primero o a colaborar esporádicamente en las actividades de la segunda. Esto es, el hecho asociativo influye en el quehacer participativo. Ahora bien ¿en qué medida las estructuras organizativas de los procesos de adopción y ejecución de decisiones propios de tales instrumentos convencionales condicionan y limitan la participación de sus integrantes? ¿Acaso no propenden tales colectivos a reforzar en demasía el rol dirigente y protagonista de escasos militantes o socios en detrimento del papel residual asignado a la mayoría? ¿No propician *de facto* que, en la práctica, el hecho asociativo —el agrupamiento de individuos con una finalidad compartida— prime sobre el quehacer participativo o, dicho de otro modo, la sub-función asociativa lo haga sobre la sub-función decisional?

Sin embargo, una IPF, en la que, recordémoslo, no se milita, ni se es miembro, sino sólo usuario, se caracteriza por lo opuesto. De un lado, el factor decisional se antepone al asociativo. Es decir, el quehacer participativo prevalece sobre el hecho asociativo que en el MPF, como acabo de indicar, puede llegar a ser tácito y espontáneo, ya que la IPF se concibe como un instrumento que sirve por igual a la voluntad ciudadana de asociarse para participar, como a la de participar sin necesidad de asociarse. De ahí, que la condición de asociado, en el peculiar sentido que aporta el asociacionismo blando al hecho de ser usuario de la IPF, no resulte en absoluto discriminatoria en lo que respecta al grado o intensidad, real o potencial, del quehacer participativo. Esto es, que la función A+D de la IPF se orienta, enfoca y atiende esencialmente al quehacer participativo sin que éste se vea mermado en modo alguno por la ausencia de un previo hecho asociativo formal. Y es que la IPF ha sido concebida adrede para canalizar el quehacer participativo —la función I+C— tanto si le precede un hecho asociativo más o menos formal, cualquiera que sea su índole o alcance —véase una IPF regulada por un procedimiento PF similar al de COOPERA— como si no. De otro —y esto es clave— la IPF, merced al juego del principio de liderazgo abierto, socializa el rol minoritario de dirigente. Esto es, aúna los roles tradicionales de militante o asociado de base y de líder en la condición común de usuario. Y ello, tanto si opta por regular su función A+D mediante un procedimiento PF en el que interactúen todos o algunos de los principios moduladores del MPF (de aquiescencia pactada, de cohabitación cooperativa, de rol variable, de liderazgo abierto y de confidencialidad opcional) como si no. El libre juego del principio de desagregación-agregación en el proceso D+A , que constituye el soporte de la función I+C de la IPF, es el responsable directo de que ésta no sólo no desdeñe la voluntad asociativa, sino que sirva a todo hecho asociativo imaginable, desde el más institucionalizado y permanente, hasta el más espontáneo, informal y transitorio.

Es cierto que la participación fraccionada, por basarse en la fragmentación del quehacer participativo, esto es, en el doble proceso D+A, posibilita, potenciándolo, el ejercicio individual de la acción política. Sin embargo, no se puede concluir que el asociacionismo blando y la participación a la carta fomenten el individualismo. Aunque las acciones PF constituyan por naturaleza actos políticos singulares, en su origen puede haber tanto impulsos PF individuales, como colectivos. Sería el caso de los impulsos PF aportados por colectivos ciudadanos usuarios de la IPF, grupos coyunturales de ecociveturistas en el ámbito de un ejercicio de observatorio de I+C o por individuos aislados conscientes de que la IPF transformará en acciones PF sus impulsos PF complementarios derivados de las previas oportunidades PF. Además, sean individuales o colectivos, singulares o plurales, respondan a intereses particulares o generales, espontáneos o deliberados, los impulsos PF nunca serán esfuerzos aislados por el carácter sucesivo, interrelacionado y básicamente cooperativo —democráticos y plurales, en suma— de los procesos D+A inducidos por el principio de desagregación-agregación propio del MPF.

Para el desempeño por la IPF de la función A+D se ha buscado eliminar cualquier factor de rigidez para posibilitar un asociacionismo tan débil como fuere menester. ¿Cómo? Simplificando al máximo los aspectos organizativos o estructurantes del hecho asociativo. Un asociacionismo blando para una participación cooperativa a la carta, sí, pero fuerte. Un asociacionismo en su mínima expresión, compatible con el componente, predominantemente individual, que no individualista— del quehacer político inherente.

La IPF posibilita, pues, una especie de conglomerado asociativo-decisional virtual cuyo rasgo más significativo es que el hecho de que múltiples personas, en el contexto *sui generis* del asociacionismo blando, afronten un asunto público en condiciones de autonomía y pluralismo constituya *per se* un hecho asociativo y una opción decisional o participativa cualquiera que sea su posición ante el mismo. En el MPF, el hecho asociativo, esto es, el ejercicio del derecho fundamental de asociación, no se ve condicionado necesariamente por un acta de constitución formal, puesto que deriva simplemente de la decisión, sea individual o colectiva, de contribuir con impulsos PF singulares —sean de liderazgo o de cooperación— a la tarea colectiva de afrontar un asunto de interés público en condiciones de autonomía y pluralismo.

Mantengo, pues, que hay asociación por el mero hecho de afrontar un determinado asunto público mediante la técnica de la participación fraccionada. Ahora bien, esta realidad exigirá modificaciones sustanciales de las normativas legales que desarrollan los derechos fundamentales de asociación y participación políticas convencionales que, en el caso español, regula la Ley Orgánica 1/2002, de 22 de marzo, que establece en su artículo 5,1:

> *"Las asociaciones se constituyen mediante acuerdo de tres o más personas físicas o jurídicas legalmente constituidas, que se comprometen a poner en común conocimientos, medios y actividades para conseguir unas finalidades lícitas, comunes, de interés general o particular, y se dotan de los Estatutos que rigen el funcionamiento de la asociación."*

> **Y en el artículo 7,1, que: *"Los Estatutos deberán contener los siguientes extremos: a) La denominación. b) El domicilio, así como el ámbito territorial en que haya de realizar principalmente sus actividades. c) La duración, cuando la asociación no se constituya por tiempo indefinido. d) Los fines y actividades de la asociación, descritos de forma precisa. e) Los requisitos y***

modalidades de admisión y baja, sanción y separación de los asociados y, en su caso, las clases de éstos. Podrán incluir también las consecuencias del impago de las cuotas por parte de los asociados. f) Los derechos y obligaciones de los asociados y, en su caso, de cada una de sus distintas modalidades. g) Los criterios que garanticen el funcionamiento democrático de la asociación. h) Los órganos de gobierno y representación, su composición, reglas y procedimientos para la elección y sustitución de sus miembros, sus atribuciones, duración de los cargos, causas de su cese, la forma de deliberar, adoptar y ejecutar sus acuerdos y las personas o cargos con facultad para certificarlos y requisitos para que los citados órganos queden válidamente constituidos, así como la cantidad de asociados necesaria para poder convocar sesiones de los órganos de gobierno o de proponer asuntos en el orden del día. i) El régimen de administración, contabilidad y documentación, así como la fecha de cierre del ejercicio asociativo. j) El patrimonio inicial y los recursos económicos de los que se podrá hacer uso. k) Causas de disolución y destino del patrimonio en tal supuesto, que no podrá desvirtuar el carácter no lucrativo de la entidad."

Y ello no resultará nada sencillo, como tampoco lo será modificar la mentalidad con la que hoy se contempla el ejercicio de tales derechos, como se pude apreciar en el ejercicio de observatorio de I+C del funcionamiento de la Sede de La Rábida de la Universidad Internacional de Andalucía (caso práctico 4) que resulta muy ilustrativo en este sentido.

EL DECÁLOGO-RETO DE LA IPF

El formidable reto de la ingeniería político-social

Como he tratado de mostrar la instancia de participación fraccionada no sólo posibilita el asociacionismo blando y la participación a la carta, sino un amplio elenco de nuevas opciones que pueden resumirse en el decálogo-reto —ya mencionado— que me propuse al afrontar, hace más de dos décadas, la tarea de ingeniería político-social de imaginar útiles políticos de nueva generación.

EL DECÁLOGO/RETO
de las herramientas políticas del futuro

Inducir procesos autoinstructivos eficientes

Desbordar el ámbito estatal

Autogenerar autonomía y pluralismo

Precisar escasa o nula institucionalización

Flexibilizar los procesos asociativos

Dinamizar el quehacer participativo

Prescindir de todo tipo de militancia

Socializar el liderazgo político

Admitir la cohabitación de enfoques y actuaciones

Transformar la inacción en activismo político consentido

1. Inducir procesos auto-instructivos eficientes.
Es decir, posibilitan un incremento exponencial generalizado de la cultura política, coadyuvando a generar
con rapidez notable hábitos cívicos de intervención en
los asuntos públicos y a hacer posible la adquisición a
gran escala por parte de la ciudadanía —de toda la
ciudadanía— de competencias para la reflexión y la
acción política.

**2. Desbordar el ámbito estatal de actuación
política.**
Si la ecociudadanía es la ciudadanía a ejercer en una
sociedad sostenible y de responsabilidad global su
capacidad para extender la actuación política más allá
del plano Estado-nacional es imprescindible.

**3. Autogenerar condiciones de autonomía y
pluralismo.**
Del mismo modo que un proceso químico requiere
condiciones de luz, temperatura, etc., el quehacer
político y, por supuesto, los procesos de enseñanza-
aprendizaje de lo político, tienen sus propias exigencias. De ahí que autogenere el antídoto de la dependencia política —la autonomía— y provea un requisito
clave en el nuevo contexto planetario diverso e intercultural —el pluralismo—.

**4. Precisar escasa o nula necesidad de
institucionalización.**
Requerir un grado mínimo o nulo de institucionalización o reconocimiento formal es consustancial, tanto
con su origen espontáneo, intencionalidad coyuntural
o circunstancial, funcionalidad temporal limitada o
efímera; como con su carácter virtual e interactivo,
apto para desencadenar procesos permanentes de

autofinanciación, autoregulación, autoexpansión, autorenovación y autogeneración.

5. Flexibilizar el proceso asociativo.

La rigidez propia del asociacionismo conocido cede en beneficio de un asociacionismo en su mínima expresión que propicia una nueva dimensión del hecho asociativo que trasciende la tensión del asociacionismo convencional a la institucionalización, cualquiera que sea su grado, al posibilitar que, incluso, la mera voluntad de afrontar un determinado asunto de interés público constituya *per se* un hecho asociativo.

6. Dinamizar el quehacer participativo.

Substituyen los procesos formales de adopción y ejecución de decisiones —el acuerdo democrático mayoritario— por procesos *ad hoc* que permiten expresar más directa y fidedignamente la voluntad popular, dando paso a una amplia gama de opciones participativas desconocidas por la democracia convencional.

7. Prescindir de todo tipo de militancia o membrecía.

Constituyen instrumentos políticos eficientes de los que no es necesario ser militante o socio, sino sólo usuario.

8. Socializar el liderazgo político.

Permiten la libre asunción de cualquier rol o papel, incluido el liderazgo de las propias propuestas, en el ejercicio de la participación política, merced a una progresiva socialización del protagonismo político que torna innecesario o superfluo y, en todo caso, prescindible, el periclitado rol minoritario de líder o dirigente, basado en la asunción exclusiva, permanente o rotativa, de la iniciativa, la dirección y la representación.

9. Admitir la cohabitación de enfoques y actuaciones.

Posibilitan una nueva dimensión del proceso asociativo-decisional que permite dar cabida en un mismo marco instrumental a enfoques, planteamientos y actuaciones divergentes e, incluso, antagónicos.

10. Transformar la inacción en activismo político consentido.

Logran que la inacción, merced a una previa aquiescencia pactada, se transforme en acción que opera en beneficio colectivo al aportar nueva energía y capacidad de influencia al nuevo activismo político que inspiran.

Puede que más, pero no menos.

LOS OBSERVATORIOS DE I+C

PRESENTACIÓN

La función de I+C, como hemos visto, concierne a las tareas de concepción, diseño, presentación y/o ejecución, por parte de la sociedad civil, de iniciativas consistentes en propuestas de soluciones a todo tipo de problemas concretos con relevancia pública. Y también a las de comprobación, fiscalización y, en su caso, denuncia de cualesquiera acciones u omisiones con incidencia en los asuntos de interés general. De ahí, que esta función genérica de iniciativa y control pueda desdoblarse en sendos componentes y expresarse con el binomio I+C. Constituye una función fundamental de la IPF y su soporte es el observatorio de participación fraccionada, ya sea de iniciativa, de control o de iniciativa y control.

El observatorio de participación fraccionada, *observatorio PF*, observatorio de I+C o, simplemente, observatorio, es un soporte o plataforma virtual *ad*

hoc para el ejercicio, individual y colectivo de las funciones ecociudadanas de iniciativa y control de la IPF, mediante la técnica de la PF.

Hay diversos observatorios y sub-observatorios que fueron activados, en diversas fechas, en el seno del Proyecto INTER/SUR para la innovación política. También he usado algunas expresiones que es el momento de precisar. Así, cabe hablar de observatorio marco si se trata de un observatorio genérico concebido para dar cabida en su seno a sub-observatorios, e. g. el *Observatorio de Control de la corrupción urbanística en el litoral onubense (OCCU-LO)* que incluye el *sub-observatorio Acción Isla Antilla;* o el *Obsevatorio de control de la utilización de fondos europeos,* que incluye los *sub-observatorios Torre El Catalán/Lepe, Molino Mareal/Isla Cristina, Vía Verde Litoral.* O de *observatorio específico* para designar aquel que, inducido o no por un *observatorio* o *sub-observatorio* anterior, abre un nuevo ámbito genérico de observación. Estableceré una primera terminología básica.

Ejercicio de observatorio

**EJERCICIO DE OBSERVATORIO
PF
Actividad de autoformación y acción ecociudadanas (AAE) programada adrede para el desempeño de la función de I+C en el seno de un determinado observatorio o sub-observatorio en funcionamiento.**

Aunque un ejercicio de observatorio puede formar parte de una actividad ecociveturística también puede desarrollarse exclusivamente en un aula o taller presencial, como actividad práctica sobre el funcionamiento del MPF o llevarse a cabo a distancia, vía *Internet*. Su objetivo es adiestrar a los participantes en la técnica asociativo-decisional de la participación fraccionada, poniendo a su disposición un conjunto de oportunidades PF prediseñadas al efecto. Así, para recalcar su finalidad didáctica, decimos que estamos ante un ejercicio de observatorio-aula. Cabe hablar también de observatorio-laboratorio cuando tiene carácter experimental y de observatorio de resultado u observatorio propiamente dicho, cuando prevalece la intencionalidad de lograr un resultado político, bien proponiendo o buscando soluciones, bien mediante el ejercicio de control del poder.

Activación de un observatorio

Es la adopción pública de la decisión, ya sea individual o colectiva, de afrontar un determinado asunto de interés general mediante la técnica asociativo-decisional de la participación fraccionada. Con la activación —activación inicial— se inicia el funcionamiento de un observatorio o se ponen en marcha en su seno, cuando se trata de observatorios marcos, los correspondientes sub-observatorios. Obviamente cualquier observatorio o sub-observatorio puede inducir la activación de observatorios específicos susceptibles de constituir nuevos marcos de observación. Así cabe hablar de *acción PF inicial de liderazgo* o *agregación de impulsos PF iniciales de liderazgo complementarios*, que activa un observatorio. Fue el caso de Teresa cuando activó OBSERVA o de INTER/SUR cuando activó el *observatorio de control del Diputado* o el de *control de la Universidad Internacional de Andalucía (UNIA).* En aplicación del principio de liderazgo abierto propio del MPF, cualquier persona o colectivo puede liderar una acción PF inicial de liderazgo. Y también de *acción PF sucesiva de cooperación, impulso PF sucesivo de cooperación,* o *agregación de impulsos PF sucesivos de cooperación, complementarios* que se incorporan a un observatorio dado y lo hacen avanzar. En aplicación del principio de rol variable propio del MPF, cualquier persona o colectivo puede cooperar a la adopción por el observatorio de una acción PF sucesiva de cooperación.

Activación direccional

Reservo esta expresión para designar el efecto sobre un observatorio dado de aquellas acciones PF de liderazgo que modifican su orientación y sentido. La activación direccional, inducida por el principio de cohabitación cooperativa propio del MPF, abre nuevas vías —divergentes o, incluso, antagónicas— de actuación. Puede aportarlo cualquier persona o colectivo. Se produjo una activación direccional liderazgo, e.g. en el supuesto del Guadiana cuando, con ocasión de aquel ejercicio de observatorio de I+C, realizado durante la segunda de las aulas náuticas, surgió la discrepancia entre quienes se oponían y quienes estaban a favor del mismo, por estimarlo beneficioso para el desarrollo económico de un área fronteriza deprimida.

Reajuste asociativo-decisional

Es consecuencia de la activación direccional. De ahí, que tenga lugar un reajuste asociativo-decisional en un observatorio siempre que una activación direccional introduzca orientaciones generadoras de nuevas alianzas y actuaciones divergentes. La función de I+C del observatorio está permanentemente sujeta a tales reajustes y ello es posible por su condición de instrumento para el asociacionismo blando y la participación a la carta.

Recapitulemos. El reajuste asociativo-decisional que tuvo lugar en los ejercicios de observatorio de I+C de *Guadiana Educa* fue consecuencia de su activación direccional y propició: a) el reajuste del marco asociativo en dos colectivos —a favor y en contra del puente—, sin menoscabo de la capacidad del observatorio para acogerlos en su seno, dada su condición de instrumento para el asociacionismo blando; b) el reajuste del quehacer participativo al dar cabida en el observatorio a una acción divergente —en este caso antagónica—, gracias a la capacidad de este para posibilitar el ejercicio de la participación a la carta. No obstante —y esto es clave—aunque esta primera discrepancia abra en el seno del observatorio dos orientaciones antagónicas provocando su reajuste asociativo-decisional, no impide que, en el curso posterior del observatorio, puedan producirse nuevos reajustes, ora, para abrir nuevas discrepancias generadoras de nuevas activaciones direccionales; ora, para acometer nuevas actuaciones compartidas. Esto último fue lo que sucedió cuando, todos los participantes, partidarios o no del puente, estuvieron de acuerdo en que no debía pasarse por alto el incumplimiento de la normativa de acceso a la información ambiental y firmaron conjuntamente textos de quejas o denuncias.

Los observatorios experimentales de INTER/SUR

Si nos atenemos a los observatorios y sub-observatorios activados durante el periodo de diseño y experimentación del MPF debo decir que han tenido siempre una doble finalidad didáctica y experimental, es decir, han sido observatorios laboratorio/aula, ya que se trataba de: a) comprobar cómo operaba en la práctica el proceso D+A, con miras a conseguir que la futura aplicación de la IPF posibilitase el juego combinado de sus tres tiempos; así como los principios operacionales —de cooperación, complementariedad, publicidad y conectividad—, los principios motivadores —de afectación directa o incumbencia y de ecociudadanía—, los principios moduladores —de rol variable, de liderazgo abierto y de confidencialidad opcional— y los instrumentales —de ecociveocio y de ecociveturismo—; [24] b) determinar las funciones de la IPF; c) elaborar un material práctico *ad hoc,* de naturaleza didáctico-experimental, ya fuese para poder llevar a cabo dicha experimentación en el seno de las diversas actividades piloto de AAE organizadas INTER/SUR; ya, para poderlo utilizar en el futuro, a la hora de organizar las futuras plataformas ecociudadanas 3.0 o PAUTA/e 3.0.[25]; ✍ d) ensayar diversas técnicas ex-

---

[24] Sin embargo, no pude llevar a cabo ningún experimento práctico del funcionamiento del principio de aquiescencia pactada, aunque profundicé en sus aspectos teóricos y redacté varios modelos de procedimiento PF. Tampoco tuve ocasión de analizar cómo opera en la realidad el principio de cohabitación cooperativa que subyace a esa nueva dimensión de los procesos asociativo-decisionales, ya que no se produjo ninguna activación direccional en los experimentos realizados.

[25] De hecho, en todos los escritos dirigidos a los diversos organismos de las Administraciones públicas en el ejercicio experimental de esta *función de I+C* se incluía la siguiente o similar coletilla: *"Se hace constar que, tanto este escrito, la respuesta a esta iniciativa ciudadana y las*

positivas del funcionamiento teórico-práctico del MPF y de la IPF, aspecto este esencial para su futura difusión que he tenido oportunidad de ensayar en casi dos centenares largos de ocasiones y ante muy diversos colectivos, en varios países; en fin; en fin e) reflexionar sobre cómo incorporar esta tecnología política de la participación fraccionada en las normas reguladoras o estatutos de los instrumentos asociativo-decisionales convencionales.

Entre los diversos observatorios y sub-observatorios activados se encuentran: a) aquellos en los que el mayor énfasis ha recaído en la concepción, diseño, presentación y ejecución de iniciativas, propuestas, soluciones y alternativas a los problemas suscitados —observatorios de iniciativa—; y b) otros, orientados a la fiscalización y denuncia de múltiples acciones con incidencia pública, ha predominado la función de control —observatorios de control—. Algunos que se activaron inicialmente con uno u otro carácter dieron paso a sub-observatorios que se activaron en sentido distinto, como el asunto *Bajo/baixo*

---

eventuales acciones derivadas de las mismas, formarán parte del material didáctico experimental de los ejercicios de observatorio ecociudadano que se promueven en el seno del Proyecto INTER/SUR". En los últimos, ya con más precisión, se indicaba que se trata de una *"iniciativa ecociudadana de participación fraccionada, que se lleva a cabo, con carácter piloto, en el ámbito de un proyecto de investigación no gubernamental, de ingeniería política y social, autónomo, plural y sin ánimo de lucro que, desde 1996, desarrolla un amplio conjunto de actividades para el diseño y la implementación de un nuevo modelo de intervención ciudadana en los asuntos públicos: el Modelo de Participación Fraccionada (MPF). Su objeto, pues, no es llevar a cabo una investigación privada con respecto a este asunto, sino ensayar nuevas técnicas de participación ecociudadana en el control, en el caso que nos ocupa de... En este sentido se informa que las gestiones realizadas hasta ahora, este escrito y las actuaciones que puedan derivarse del mismo, formarán parte del material didáctico experimental de los ejercicios de observatorio ecociudadano que se promueven en el seno del Proyecto INTER/SUR".*

Guadiana, que comenzó siendo de iniciativa y pronto se activó como observatorio de control; o el asunto *Egmasa*, primero de control de la Junta de Andalucía y posteriormente de control del funcionamiento de la propia Comisión Europea.

Unos se concibieron para ser desarrollados en el seno de actividades de ecociveocio y ecociveturismo y poder autofinanciarse mediante la intervención sucesiva de diversos grupos de personas —ecociveturistas—, por lo que la participación en ellos tuvo un carácter esencialmente presencial (*Cementerio Minero de Tharsis, Parque Natural Urbano de Perdicaris/Tánger, Chanza/Paso fronterizo El Granado-Pomarao, Amitie, etc.*). Sin embargo, a pesar de haber diseñado múltiples propuestas de esta naturaleza en Andalucía occidental, el Algarve y el Alentejo portugués y Marruecos no se pudieron llevar a cabo todas las actividades ecociveturísticas programadas, ni todas ellas han cumplido los objetivos asignados inicialmente. Otros, han tenido un carácter exclusivamente virtual, pudiéndose acceder a ellos sólo a través de *Internet* (*Control del Diputado —asunto González Márquez—, Control de la Fiscalía de Huelva en materia medioambiental, Asunto del asesinato de la Hermana Samaranch, Corrupción urbanística en el litoral onubense, Acción Isla Antilla, Pacto Internacional/Guinea Ecuatorial, etc.—*.

A medida que se iba perfilando el MPF los observatorios y sub-observatorios fueron haciéndose algo más accesibles. Esto es, aumentaron las posibilidades de que participasen en ellos un mayor número de personas interesadas, bien por haber tenido noticia de los mismos con ocasión de una actividad ecociveturística, de uno de los múltiples actos informativos de INTER/SUR o por medio de la difusión del proyecto en *Internet*. Lamentablemente, las características novedosas del proyecto, sus reducidos medios, unido a la falta de adiestramiento en la práctica de la participación fraccionada, su escasa difusión[26] y el carácter rudimentario de su soporte informático han limitado el número de participantes efectivos. De hecho, toda la gestión de los observatorios se ha llevado a cabo de manera artesanal, por lo que las personas o colectivos interesados han podido participar en los mismos aprovechando las oportunidades PF disponibles, pero no han dispuesto de una *app* PF para poder ejercer plenamente la participación fraccionada. Una parte sustancial de los impulsos y acciones PF que se incluyen en los sucesivos pasos enumerados en las fichas de seguimiento de los ejercicios de observatorio se deben a mi intervención personal como promotor de los mismos, en un esfuerzo por fraccionar la acción política en oportunidades PF.

Aunque asegurar el pluralismo, posibilitando el asociacionismo blando y la participación a la carta, constituye un objetivo clave del MPF y un rasgo genuino de la IPF, debe resaltarse que las personas o colectivos que han intervenido en los observatorios de INTER/SUR siempre han actuado unidireccionalmente. Me consta que ha habido personas, a las que se ha explicado con detalle el fundamento del MPF y el funcionamiento de la IPF que, al discrepar de la línea marcada al activarlos, han optado por no utilizar esta herramienta para expresar sus planteamientos y promover sus propuestas. No ha tenido lugar, recuer-

---

[26] El sitio web del Proyecto INTER/SUR apenas ha alcanzado las 50.000 visitas desde que se inició su publicación en *Internet*, a finales de 1999.

do, ninguna activación direccional 27 y, en consecuencia, no se ha podido experimentar cómo opera en la práctica el principio de cohabitación cooperativa. Sin duda, un reflejo claro de la arraigada convicción de que los instrumentos convencionales de participación política, aunque formalmente admitan la discrepancia, son siempre, a diferencia de la IPF, unidireccionales en sus acciones y sus integrantes no pueden apartarse de la línea ideológica marcada por sus estatutos y su dirección política sin riesgo de escisiones, fracturas y, también, represalias.

En lo referente a la temática, han predominado las cuestiones medioambientales, pero también han sido objeto de algunos observatorios determinados aspectos de la cooperación ecociudadana al desarrollo, la defensa de los derechos humanos, la educación, la emigración, etc. Algunos han tenido un neto carácter ecociudadano, sea por la naturaleza global del asunto en cuestión, desarrollarse en más de un país, por la intervención en ellos de participantes de diversas nacionalidades o, simplemente, por incorporar deliberadamente este enfoque en su concepción.

---

[27] El caso más llamativo, pero no el único, ha sido el del ex-Presidente de la Cámara Municipal de Mértola —Pulido Valente— y otras personas y colectivos en el asunto *Bajo/baixo Guadiana,* que a pesar de haber asistido a un seminario específico sobre el funcionamiento de dicho observatorio de I+C optaron por actuaciones —descalificaciones públicas, intentos de represalia, actos institucionales de reprobación y censura, etc.— más acordes con su talante político fascistoide. Otros no le han ido a la zaga como, por ejemplo, el ex-alcalde de Lepe, ex-senador y diputado al Congreso —Oria Galloso—, en el caso del Observatorio Ciudadano de Control Municipal www.lepero.com o la ex-Directora de la Sede de la Rábida de la Universidad Internacional de Andalucía, en el asunto Observatorio UNIA.

Aunque todos los observatorios activados han sido observatorios-laboratorio/aula, este hecho no ha sido óbice para que la propia dinámica de las acciones PF emprendidas hayan tenido —o puedan seguir teniendo— resultados prácticos muy variados que van, desde la contribución a una condena penal en firme por delito ecológico —asunto *Atlantic Copper*— hasta la paralización de obras públicas ilegales —asunto *Bajo/baixo Guadiana*, *Puerto Deportivo de El Terrón...*— pasando por recomendaciones del Defensor del Pueblo a diversas Administraciones —Ayuntamiento de Lepe, Mancomunidad intermunicipal de Isla Antilla, Empresa Pública de Puertos de Andalucía, Diputación de Huelva, etc.—, apertura de investigaciones por la Comisión Europea y el Parlamento Europeo, inicio de diligencias judiciales entre otras. No procede, pues, evaluar su mayor o menor eficacia en cuanto al alcance de resultados políticos ya que, insisto, esta no fue nunca su finalidad primordial, aunque no negaré que ha resultado de gran estímulo, dado el preocupante panorama observado.

Observatorios de iniciativa

Se trata de observatorios centrados en la concepción, diseño, presentación y/o ejecución, por parte de la sociedad civil de iniciativas consistentes en propuestas de soluciones a todo tipo de problemas concretos con relevancia pública. La innovación o la creatividad, como ya he indicado al referirme a la función de I+C, que deriva, en última instancia, de la capacidad de crítica y de rebeldía del ser humano, es un componente esencial de la participación política que está permanentemente amenazada por la falta de autonomía y pluralismo.

Observatorios de control

Los observatorios de control se dirigen primordialmente a la observación, comprobación, fiscalización y denuncia pública de las actuaciones, tanto de las diferentes Administraciones públicas, como de cualesquiera otros actores sociales.

He activado múltiples observatorios de I+C con carácter didáctico experimental. A continuación expongo cuatro de ellos: AMITIE, EGMASA/FEDER, OBSERVATORIO CATALÁN DE LA MOVILIDAD y OBSERVATORIO DE LA UNIVERSIDAD INTERNACIONAL DE ANDALUCÍA.

LA INICIATIVA *AMITIE*

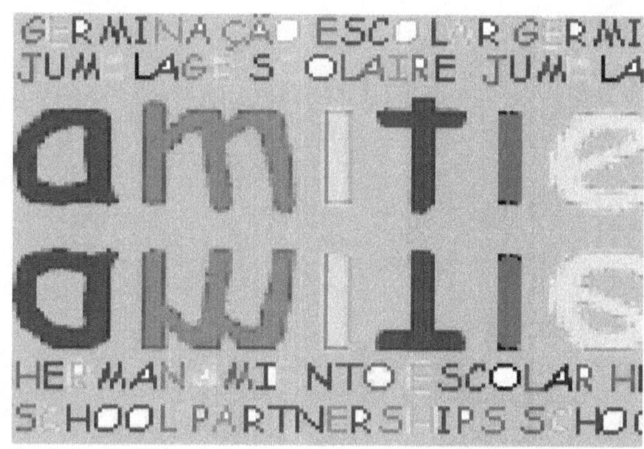

La Iniciativa para el *Apoyo mutuo y el intercambio transnacional entre instancias educativas (A.M.I.T.I.E.)* se concibió a lo largo de diversas actividades de ecociveturismo organizadas en Marruecos —*Caravanas de la Ecociudadanía, Encuentros de Trabajo* en *Tánger, Chaouen*, etc.—. Fue presentada con ocasión del III Encuentro en Marrakech (7-11.12.05), organizado en colaboración con la *Association TADAOUL pour l'Education, le Patrimoine et l'Environnement* y la *l'Académie de l'Education de Marrakech-Haouz.* Sus objetivos generales eran: a) fomentar la dimensión ecociudadana de la educación; b) mejorar la calidad de las infraestructuras, los recursos materiales, la organización y el funcionamiento de los centros escolares; c) posibilitar una mayor capacitación y perfeccionamiento profesional del personal directamente implicado en la educación; d) impulsar el conocimiento intercultural, los intercambios y la movilidad en el ámbito de la educación; e) fomentar la innovación en el desarrollo de prácticas educativas; f)

promover la utilización de las modernas tecnologías de la infocomunicación.

Algunos de los participantes en las Caravanas de la Ecociudadanía (Sahara, Marruecos).

Visto de esta manera podría parecer uno de esos programas bilaterales de cooperación o una iniciativa multilateral promovida por la Comisión Europea.[28] Sin embargo, no es así. AMITIE se concibió como una iniciativa-marco de cooperación ecociudadana norte-sur y sur-sur, mediante la participación fraccionada, para ser asumida directamente por la sociedad civil, esto es, poder funcionar de abajo a arriba.

¿Cómo estaba previsto que funcionase AMITIE? De entrada, si se hubiese tratado de una iniciativa surgida, por ejemplo, en el ámbito de la Junta de Andalucía y de las habituales ONG colaboradoras, habría

---

[28] De hecho, se inspira en el programa *ELearning* y la acción *Etwinning*. *ELearning* es un programa para la integración efectiva de las tecnologías de la información y la comunicación (TIC) en los sistemas de educación y formación en Europa (2004-2006). *Etwinning* es la principal acción del Programa *ELearning* para la promoción de las tecnologías de la información y de la comunicación en los centros escolares europeos.

sido necesario habilitar fondos públicos para abonar los gastos de los diversos viajes que hubiesen realizado los diversos funcionarios promotores o, en su caso, para subvencionar a la ONG "subcontratada" al efecto. Sin embargo, AMITIE carece de financiación oficial, precisamente para mantener su autonomía en relación con los poderes públicos. Pero, se dirá, hay que hacer contactos con las autoridades educativas marroquíes, hay que viajar al país africano para visitar centros educativos que pueden hermanarse, hay, hay... gastos, muchos gastos.

Pues bien, durante el periodo de activación de este observatorio (12.05-03.06) se programaron diversas actividades ecociveturísticas (*Encuentros AMITIE en Tánger, Chefchaouen y Marrakech*) que movilizaron, durante varios puentes y fines de semana, a casi a un centenar de personas, muchos de ellos docentes, que dispusieron de múltiples oportunidades PF en el ámbito de esta iniciativa-marco. Es decir, mediante atractivas actividades de ocio, asociadas a una iniciativa de participación fraccionada de cooperación al desarrollo, autofinanciadas por los propios participantes, se generaron condiciones objetivas para la autoformación y la acción ecociudadanas.

Se llevó a cabo una primera campaña simbólica de difusión de AMITIE mediante la remisión de un mensaje, vía *Internet*, a una amplia lista de directores de centros de enseñanza secundaria andaluces, a los que se invitó a informar de la iniciativa a profesores y alumnos, al tiempo que se solicitaban de estos diversos impulsos PF como: formulación de ofertas de hermanamiento, información sobre fuentes de financiación públicas o privadas de procesos de hermanamiento, creación, mantenimiento y coordinación de foros de debate, información sobre actividades de hermanamiento entre centros escolares no universitarios españoles y marroquíes, etc.

Encuentro de trabajo en Chefchaouen

Encuentro de trabajo en Marrakech

Se dieron una serie de pasos.

La activación de AMITIE

Paso 1. Activación del Observatorio y publicación en *Internet.*
Promotor: Equipo INTER/SUR
Fecha: 11.05.
Localización: www.proyectointersur...

Paso 2. Elaboración de la presentación de AMITIE en español y francés.
Autor: Participante P1
Fecha: 11.05
Localización: www.proyectointersur...

Paso 3. Encuentro de trabajo en Marrakech
Objetivo: Información e invitación a participar a la Asociación TADAOUL y a l'Académie de l'Education de Marrakech-Haouz
Organizador: Equipo INTER/SUR
Número de participantes: 32
Fecha: 07-11.12.05

Paso 4. Información e invitación a participar a la ADP de Mértola (Portugal)
Autor: Equipo INTER/SUR
Fecha: 01.06

Paso 5. Encuentro de trabajo en Marrakech
Objetivo: Presentación de la iniciativa a las autoridades académicas de la región Marrakech-Haouz
Organizador: Equipo INTER/SUR
Número de participantes: 28
Fecha: 24-28.02.06

Paso 6. Inicio de la difusión en España
Autor: Equipo INTER/SUR
Fecha de inicio: 02.06
Vía: Mensaje electrónico dirigido a una amplia lista de centros de enseñanza secundaria

El paso 1 es una acción PF inicial de liderazgo. Los pasos 2 a 6 son acciones PF sucesivas de cooperación que, obviamente, son el resultado de la agregación de impulsos PF complementarios. El paso 3, por ejemplo, se pudo dar gracias a la agregación de impulsos PF, tales como los de seleccionar a diversas personas y animarles a participar en el encuentro, 32 decisiones de viajar a Marrakech, múltiples actividades de organización, etc.

Podríamos concluir que es un caso de observatorio laboratorio-aula de iniciativa, diseñado para ser promovido y ejecutado desde y por la sociedad civil en un contexto ecociudadano, que sería viable en condiciones de conocimiento generalizado del MPF. Debe mencionarse que, en el intento de ponerlo en práctica, surgieron diversas dificultades para que las autoridades educativas marroquíes: a) se convenciesen de que la puesta en marcha y el despegue de la iniciativa se autofinanciaría en aplicación de los principios de ecociveocio y ecociveturismo, tal y como se había hecho en relación con su concepción y prediseño y se estaba haciendo para posibilitar las conversaciones iniciales que en esos momentos celebrábamos con ellos en su país; b) comprendiesen que, si bien el contacto con ellos era útil y necesario, lo que realmente necesitábamos era proponer nuestra iniciativa a las instancias escolares y a los miembros de la comunidad educativa. De hecho, se confesaron sorprendidos de que AMITIE no hubiese sido objeto de consulta con las autoridades educativas andaluzas o portuguesas; c) captasen el carácter de marco civil de AMITIE para promover el hermanamiento escolar (cuyas funciones básicas eran ayudar a identificar instancias educativas con las que poder establecer procesos de hermanamiento y de cooperación educativa, brindar asesoramiento al efecto en las distintas fases de los procesos de hermanamiento y de cooperación educativa, al tiempo que experimentar el MPF en materia de cooperación educativa norte-sur y sur-sur); d) valorasen adecuadamente que AMITIE, una vez puesta en marcha, tendría una enorme capacidad potencial para forzar la intervención gubernamental y recabar la asignación de fondos públicos; en fin e) tuviesen en cuenta que la posibilidad de cooperar en un gran espacio real y virtual de hermanamiento y de cooperación educativa, promoviendo el uso de las nuevas tecnologías de la infocomunicación, generaría ingentes beneficios pedagógicos, sociales, culturales y económicos mutuos.

ASUNTO *EGMASA/FEDER*

Constituye un ejemplo de observatorio laboratorio-aula de control activado para experimentar cómo podían afrontarse por la sociedad civil asuntos de interés general para lograr que sean las decisiones ciudadanas las que determinen la acción de los poderes públicos y, consiguientemente, éstas se circunscriban al logro del bien común.

Estuvo dirigido a experimentar la capacidad del MPF para posibilitar la prosecución hasta el final, con todas sus consecuencias, de una acción ecociudadana, de gran trascendencia político-económica, relativa a la eventual obligación de devolución a la U.E., por parte del Estado español, de cuantiosísimos fondos comunitarios destinados al desarrollo regional que, presuntamente, fueron utilizados por la Junta de Andalucía y determinados Ayuntamientos sin cumplir requisitos legales esenciales.

Se trata de una actividad que se originó en el contexto de un observatorio de ámbito municipal: el Observatorio Ciudadano de Control Municipal *"lepero.com... prometido".* Activado inicialmente como un observatorio laboratorio-aula de control de la Junta de Andalucía en materia de libre competencia, en el ámbito de sus actuaciones medioambientales —EGMASA/Libre competencia—, se activó posteriormente como observatorio laboratorio-aula de control de la Dirección General de Política Regional de la Comisión Europea, en relación con su presunta obligación legal de exigir al Estado español —eventualmente a otros Estados miembros— la devolución de fondos FEDER en estricta aplicación de la normativa comunitaria, en particular, los artículos 12 y 38 del Reglamento CE 1260/1999 —EGMASA/Comisión Europea—. Este caso: a) permite observar el papel que desempeñan los llamados impulsos PF de liderazgo en las sucesivas nuevas activaciones de los observatorios en curso; b) pone de relieve la primacía del interés general —en este caso comunitario— sobre un interés nacional; c) alerta sobre el alto grado de autonomía que necesita tener un observatorio para poder afrontar acciones de esta trascendencia; d) ejemplifica el potencial alcance supraestatal de una acción ciudadana de ámbito local; y e) advierte de la utilidad social de afrontar este tipo de actuaciones de control mediante la participación fraccionada para impedir o minimizar que pretensiones espurias de quienes monopolizan la democracia representativa colonicen decisiones políticas fundamentadas teóricamente en un interés general.

Antecedentes. A lo largo de las tareas del Observatorio Ciudadano de Control Municipal *"lepero. com... prometido"* y, en concreto, en el asunto del desmantelamiento de un desguace de vehículos fuera de uso por orden del Ayuntamiento de Lepe, vergonzosamente ejecutado por la Empresa Pública de Gestión Ambiental de Andalucía (EGMASA) a finales de los 90, se observaron diversas irregularidades. En particular, la existencia de un contrato entre el Ayuntamiento de Lepe y EGMASA por el que dicha empresa pública se convertía en *medio propio instrumental y servicio técnico* de la corporación municipal, pudiendo recibir de ésta encargos de naturaleza ambiental sin necesidad de licitación pública. Contrato promovidos por la Consejería de Medio Ambiente de la Junta de Andalucía y firmados por múltiples ayuntamientos andaluces, aunque desconozco el número, dada la reiterada negativa de la Junta de Andalucía y de EGMASA a facilitar la información solicitada. El observatorio, que percibió una posible violación del derecho comunitario de la competencia, puso los hechos en conocimiento de la Dirección General de Mercado Interior de la Comisión Europea y remitió a ésta cuanta información le fue requerida.

FASE I

Paso 1.1. Denuncia a la Comisión Europea por infracción del Derecho Comunitario
Fecha: 17.03.00
Contenido: Remisión del Convenio entre la Consejería de Medio Ambiente y el Ayuntamiento de Lepe de 30 de junio de 1998, por el que *"se puso a EGMASA a disposición del Ayuntamiento para disponer de ella como medio propio instrumental, con el objeto de ejercer las competencias municipales relativas a la protección del medio ambiente"*.
Firmante: Equipo INTER/SUR. Vía: postal certificada
Respuestas: Acuse de recibo. Admisión a trámite. Solicitud de información complementaria (21.09.00).

Referencia UE: Derecho de Contratación Pública-Expediente 2000/4447: EGMASA.

Paso 1.2. Solicitud de información a la D. de Medio Ambiente en Huelva.
Fecha: 13.04.00
Contenido: Solicitud de una relación completa de Ayuntamientos de Huelva que han firmado y mantienen en vigor convenios de colaboración con la Consejería de Medio Ambiente, mediante los que se pone a EGMASA a disposición de éstos para disponer de ella como *medio propio instrumental*, con el objeto de ejercer las competencias municipales relativas a la protección del medio ambiente.
Firmante: Equipo INTER/SUR. Vía: postal certificada. Respuesta: No

Paso 1.3. Escrito a la Comisión Europea anunciando un informe complementario.
Fecha: 20.10.00. Firmante: Equipo INTER/SUR. Vía: postal certificada
Respuesta: (Fecha: 29.05.01). Da. Vittoria Alliata. DG Mercado Interior. (Política de Contratación Pública. Seguimiento y aplicación en Bélgica, España, Francia, Luxemburgo y Portugal. CCCP. Información y formación. Contenido: a) Informa que no se ha recibido el informe anunciado por INTER/SUR; b) *(...) "no podemos por menos de reconocer que los estatutos de esta sociedad limitan su autonomía de voluntad a la hora de aceptar los encargos de las Administraciones... En esas condiciones, parece difícil identificar la existencia de contratos entre dichas Administraciones y EGMASA, quien se limitaría a cumplir órdenes";* c) *(...) "tampoco tenemos constancia de que EGMASA contrate total o parcialmente con terceros las tareas que le corresponde ejecutar, por lo que no estamos en condiciones de afirmar que EGMASA, como poder adjudicador, no respeta los procedimientos establecidos por las Directivas sobre contratación pública";* d) *(...) "Por todo ello, nuestro servicio tiene la intención de proponer el archivo del expediente, a no ser que en el plazo de un mes a partir de la*

*recepción de la presente, reciba pruebas que demuestren:
bien la existencia de contratos entre EGMASA y las administraciones andaluzas, bien la adjudicación por la propia
EGMASA de contratos o subcontratos, sin respetar los procedimientos previstos por las directivas."*

Paso 1.4. Escrito a la Comisión Europea remitiendo el in-
forme complementario
Fecha: 05.06.01
Autor: Equipo INTER/SUR
Vía: postal certificada a la atención de la Sra Novo Cid
Fuentes. Comisión Europea. Dirección General de Mercado
Interior. Unidad MARKT/B/1.

Paso 1.5. Escrito al Presidente de la Comisión Europea
Fecha: 29.01.03
Contenido. Informar: a) que el *observatorio* no ha recibido
ninguna comunicación sobre la tramitación del citado procedimiento de infracción; b) que el *observatorio* prepara
una iniciativa complementaria para que, de confirmarse la
infracción, se proceda por parte de la Comisión Europea a
exigir (en estricta aplicación de la normativa comunitaria,
en particular de los arts. 12 y 38 del Reglamento CE
1260/1999) la devolución de aquellos fondos procedentes
del FEDER empleados por EGMASA en la ejecución material
de los contratos ilegales.
Firmante: Equipo INTER/SUR. Vía: postal certificada. Respuesta: No

Paso 1.6. Aportación de información
Fecha: 30.10.07
Contenido: Remisión de la sentencia del Tribunal de Justi-
cia de la UE. Asunto C-295/05 de 19.04.07 [29]

---

[29] Sentencia del Tribunal de Justicia (sala segunda), de 19 de abril de
2007. Asunto C-295/05, que tuvo por objeto una petición de decisión
prejudicial planteada por el Tribunal Supremo español en el marco de un
litigio entre la Asociación nacional de Empresas Forestales (Asemfo) y la
Administración del Estado, relativo a una denuncia presentada contra el
régimen jurídico del que disfruta la empresa pública Transformación

Autor: Participante P1
Vía: correo electrónico

Paso 1.7. Solicitud de información a la C. de Medio Ambiente y a EGMASA
Fecha: 30.10.07
Contenido: Relación completa de todas las actuaciones medioambientales en las que los Ayuntamientos andaluces hayan utilizado a EGMASA *"como medio propio instrumental"*, con referencia expresa al coste final de la actividad; a si esta se realizó o no con financiación comunitaria; a la cuantía de la misma y al marco financiero de la subvención. Relación completa de las actuaciones de esta naturaleza actualmente en curso con referencia expresa al coste presupuestado de la actividad; a si esta se realiza o no con financiación comunitaria; a la cuantía de la misma; al marco financiero de la subvención y al estado actual de ejecución de la misma.
Autor: Equipo INTER/SUR. Vía: postal certificada
Respuesta: EGMASA —15.11.7— Contenido: No aporta la información solicitada alegando que no tiene carácter de autoridad pública, por lo que no está obligada por la ley que regula los derechos de acceso a la información... Fir-

---

Agraria, S.A. (Tragsa). La sentencia, de acuerdo con la jusrisprudencia del Tribunal de Justicia (sentencias de 18.11.99, Teckal, C-107/98, Rec. P. I-8121, apartado 50; de 11.01.05, Stad Halle y RPL Lochau, C-26/03, Rec. P. I-1, apartado 49; de 13.01.05, Comisión/España, C-48/03, Rec. P. I-139, apartado 38; de 10.11.05, Comisión/Austria, C-29/04, Rec. p. I-9705, apartado 34; y de 01.05.06, Carbotermo y Consorzio Alisei, C-340/04, Rec. P. I-4137, apartado 37), reitera que, de conformidad con las Directivas relativas a la adjudicación de contratos públicos, la licitación no es obligatoria, aunque el contratante sea una persona jurídicamente distinta del poder adjudicador, cuando se cumplan dos requisitos. Por una parte, *la autoridad pública que es poder adjudicador debe ejercer sobre la persona distinta de que se trate un control análogo al que ejerce sobre sus propios servicios* y, por otra, parte, *dicha persona debe realizar la parte esencial de su actividad con el ente o entes públicos que la controlan*. Criterios ambos que, obviamente, no se cumplen en el caso de las relaciones contractuales entre EGMASA y los Ayuntamientos andaluces que están en la base de la iniciativa del observatorio.

mado. Luis Jiménez Piñones, Director de la Asesoría Jurídica y Contratación.

...

El paso 1.1 es un impulso inicial de liderazgo que activa el observatorio. Los pasos 1.2, 1.3, 1.4, 1.5 y 1.7 son acciones PF sucesivas que resultan de la agregación de diversos impulsos PF. El paso 1.5 —escrito al Presidente de la Comisión— anuncia la intención de activar un nuevo observatorio, ahora de control de este órgano comunitario. El paso 1.6 es un impulso PF de cooperación aportado por el participante P1, vía correo electrónico. P1, con su impulso PF de cooperación, al informar al observatorio de una reciente sentencia del Tribunal de Justicia de la UE que confirma la apreciación inicial de INTER/SUR sobre la ilegalidad de los contratos entre EGMASA y los Ayuntamientos auspiciados por la Junta de Andalucía, va a permitir que, poco después, el equipo INTER/SUR active el observatorio —impulso PF de liderazgo— en el sentido apuntado. De hecho, un nuevo observatorio que, como se indica a continuación, se inicia solicitando a la Comisión Europea la aplicación del derecho comunitario —paso 2.1— y al Parlamento Europeo que lleve a cabo el correspondiente control de la misma —paso 2.2—.

FASE 2

Paso 2.1. Escrito al Presidente de la Comisión Europea
Fecha: 31.10.07
Contenido: *Que inste al Comisario de Política Regional a que, en estricto cumplimiento de la normativa comunitaria aplicable, requiera formalmente del Estado español y, en su caso, de otros Estados miembros que pudiesen encontrarse en situación similar, la inmediata devolución de los fondos de la Unión Europea que hubiesen sido empleados*

en la ejecución de todos los contratos cuya ilegalidad ha quedado probada tras la sentencia del Tribunal de Justicia de la UE, en el asunto C-295/05, de 19.04.07. Que se suspenda con carácter inmediato la financiación comunitaria de todos y cada uno de los proyectos en curso derivados de este tipo de contratos ilegales. Que se mantenga puntualmente informado a este Observatorio a los efectos de poder instar, si fuere necesario, el control judicial en asunto de tanta trascendencia.

Firmante: Equipo INTER/SUR

Vía: postal certificada, con acuse de recibo

Respuesta: Registro 11.12.2007. Núm. 13325. Ref. REGIO/B3/D(2007)/MAD/ 162108. *"El Presidente Barroso le agradece su carta de 31.10.07 y ha pedido a la DG de Política Regional analizar su queja... le informamos que hemos decidido transmitir su queja a la Dirección General de Mercado Interior y Servicios a fin de que esta confirme si los contratos atribuidos a EGMASA son conformes o no a las normas comunitarias vigentes sobre la contratación pública. La Dirección General de Mercado Interior y Servicios le informará en el mejor plazo de su opinión".* Firmado Vittoria Alliata. DG Política Regional Asuntos jurídicos, procedimientos y relaciones con los Comités.

Paso 2.2. Ejercicio del derecho de petición ante el Parlamento Europeo

Fecha: 31.10.07

Contenido: Información sobre la acción anterior, solicitando la creación de una comisión de investigación *ad hoc* que vele, tanto por el estricto cumplimiento del derecho comunitario por parte de la Comisión Europea, como por el cumplimiento por el Estado español —y, eventualmente otros Estados miembros, afectados— de las decisiones que se pudiesen adoptar al respecto.

Firmante: Equipo INTER/SUR

Vía: postal certificada

Respuesta: 04.02.08. Traslado a la Comisión de Peticiones.

Paso 2.3. Ejercicio del derecho de petición ante el Congreso y el Senado
Fecha: 31.10.07
Contenido: Solicitud de constitución de una comisión de investigación *ad hoc* que analice tan grave asunto y dirima, en su caso, las responsabilidades que pudiesen derivarse del mismo.
Firmante: Equipo INTER/SUR
Vía: postal certificada

Paso 2.4. Información a los medios de comunicación
Fecha: 02.12.07
Autor: Equipo INTER/SUR
Vía: correo electrónico

Paso 2.5. Publicación en la prensa
Fecha: 21-22.01.08
Autor: Noelia Acedo
Medio: Diario *La Razón*

Paso 2.6. Ofrecimiento de información y asesoramiento especializado
Fecha: 28.01.08
Autor: Participante P2
Vía: telefónica

Paso 2.7. Queja al Defensor del Pueblo Andaluz
Contenido: Queja contra la Consejería de Medio Ambiente de la Junta de Andalucía por no responder a la solicitud de información de 30.10.07 (paso 1.7). Se aprovecha la ocasión para remitirle el escrito de los servicios jurídicos de EGMASA, de 15.11.07, mediante el que indica que no está obligada por la ley que regula los derechos de acceso a la información...
Fecha: 06.08.08
Autor: Equipo INTER/SUR
Vía: postal certificada
...

Recuerdo que anoté entonces: *Mientras redacto esto me informan que la periodista Noelia Acedo acaba de publicar en el diario La Razón (paso 2.5) un amplio reportaje sobre el Asunto EGMASA/FEDER y la iniciativa del observatorio de INTER/SUR de solicitar a la Comisión Europea que exija al Estado español la devolución de los fondos FEDER utilizados en el ámbito de los contratos, presuntamente ilegales, entre EGMASA y determinados Ayuntamientos andaluces. Poco después recibo la llamada de una persona (paso 2.6) que ha leído dicho reportaje, se identifica como experto en derecho comunitario, dice que conoce el asunto, dispone de documentación relevante y está interesado en ayudar al Proyecto INTER/SUR en este caso. Quedamos en que me pondrá al corriente de todo lo que sabe para que pueda ser utilizado por el observatorio. Analicemos este paso.*

En realidad, el comunicante —participante P2— desconoce qué es INTER/SUR. Probablemente habrá pensado que se trata de una ONG, dado que la periodista se ha referido en sus artículos a los *"activistas de INTER/SUR"*. El hecho es que, por los motivos que sean, esa persona desea colaborar y está en condiciones de hacerlo, dada la relevante información que dice poseer y su criterio experto. Diríamos que su gesto es un impulso PF en respuesta a la oportunidad PF que le acaba de brindar el observatorio EGMASA/FEDER que ha descubierto al leer el diario *La Razón*. Obviamente, desconoce qué sea el MPF y la IPF y, por tanto, actúa de la manera habitual: se dirige a una asociación u organización existente para colaborar en un asunto de interés general. Supongamos que, en efecto, INTER/SUR fuese una ONG que ha denunciado a la Junta de Andalucía por actuaciones contrarias a las reglas de la UE en materia de libre competencia. En tal caso un representante de IN-TER/SUR atendería a nuestro comunicante, valoraría la información aportada y la organización actuaría en consecuencia cuándo y cómo lo considerase oportuno. Y, desde luego, se lo pensaría mucho si dependiera económicamente de las subvenciones del ejecutivo andaluz o, incluso, de la Comisión Europea.

El escenario, sin embargo, habría sido completamente distinto si P2 hubiese estado familiarizado con la participación fraccionada y el asunto EGMA-SA/FEDER fuese un observatorio de resultado incluido en una determinada IPF. ¿Cuáles serían las diferencias principales entre ambos escenarios participativos? En este último caso, el comunicante habría podido: a) conocer la información disponible accediendo al archivo o base de datos del observatorio; b) utilizar, si lo hubiese considerado oportuno la función de E+D (foro) para cambiar impresiones con otros participantes; c) optar, en aplicación del principio de rol variable, por elegir su rol participativo. En este último caso podría haber optado por poner a disposición del observatorio la información que obra en su poder, esto es, aportar al observatorio un impulso PF que se sumaría a los ya proporcionados por anteriores participantes o usuarios de la IPF; o adoptar, en aplicación del principio de liderazgo abierto, un impulso PF de liderazgo, e. g. dirigir en su nombre, como usuario de la IPF, un escrito razonado a la Comisión de Peticiones del Parlamento Europeo poniendo de manifiesto la aparente actitud evasiva de la D.G. de Política Regional que parece desprenderse, tanto de actuaciones anteriores, como de su respuesta de 11.12.07 (paso 2.1). En ambos casos habría bastado que P2 hubiese incorporado el contenido de su intervención en la ficha de seguimiento del observatorio, utilizando las herramientas puestas a su disposición por la *app PF* de la IPF. Qué si no desea identificarse, por las razones que fuese, habría podido acogerse al principio de confidencialidad opcional siguiendo el procedimiento previsto a esos efectos. Y, por supuesto, ninguna razón de dependencia u oportunidad política habría mermado la autonomía del observatorio.

Rememoremos: el asunto EGMASA/FEDER pone de relieve cómo una decisión política, en principio razonable —en este caso, de la Junta de Andalucía, que crea una empresa pública en el sector de la gestión ambiental— se orienta al servicio de intereses espurios de los detentadores del poder político. La Junta de Andalucía parece no tener reparo alguno en violar las leyes comunitarias del mercado interior para, con abuso de su posición dominante, incrementar la cuota de mercado y la cuenta de resultados de su empresa pública y, de este modo, reforzar su poder. Así se entiende que EGMASA haya sido una empresa floreciente que pudo dar cobijo en su seno a un importante número de ex-altos cargos socialistas que, por esta vía genuinamente franquista, vieron generosamente recompensados sus servicios al partido, al tiempo que éste se aseguraba su eterna lealtad —vieja práctica, por cierto, bien conocida por todos los dictadores que en el mundo han sido—. O que EGMASA, con su intensa política de subcontratación, contribuya con eficacia probada a esa ardua tarea de tejer la extensa malla de clientelismo político-económico que tupe la Andalucía

Observatorios como este, activados mediante la técnica asociativo-decisional de la participación fraccionada, pueden ejercer con notable eficiencia y autonomía el necesario control ciudadano de actuaciones ilegales y potencialmente corruptas que la democracia representativa fomenta o, cuando menos, tolera. O ¿acaso consta alguna acción *motu poprio* adoptada, en relación con este asunto, por las instancias autonómicas, estatales o comunitarias competentes? ¿Dónde están las denuncias al respecto de los partidos políticos de la oposición? y, en su caso, ¿qué eficacia han tenido? ¿Y de las empresas del sector? ¿No es más cierto que éstas, para no perder su parte del inmenso pastel ambiental andaluz, han aceptado sin rechistar la deliberada posición dominante de la empresa de la Junta de Andalucía?

No obstante, esto no es todo. He podido comprobar en varios casos que EGMASA no sólo abusó de su posición dominante en relación con el principio de libre competencia, sino que cuando ha resultado útil, por razones políticas o económicas, no ha dudado, para obviar la reglamentación ambiental, en abusar también de cuanta inmunidad le confiere en la práctica su condición de *"empresa de la Junta"* y/o *"medio propio instrumental"* de los entes municipales.

Al activar este observatorio era plenamente consciente de la dificultad que entrañaba solicitar que la Comisión Europea, a tenor de la normativa vigente, exigiese, en su caso, al Estado español la devolución de ingentes cantidades de fondos FEDER, como del coste económico que ello podría representar, dado que, de tener razón, se verían afectadas otras empresas públicas similares que trabajan en otros sectores de actividad —agricultura y pesca, por ejemplo— y en otras Comunidades Autónomas. Creo, sin embargo, que testimoniar de este modo una deliberada actitud ecociudadana y, de ese modo, contribuir a impedir o minimizar que los representantes políticos se conduzcan en los asuntos públicos para obtener ventajas en lo privado y para sus partidos —lo que, como están las cosas, ya uno empieza a pensar que es lo mismo— constituye una exigencia ético-política irrenunciable. Reitero, pues, que sólo los intereses públicos deben determinar las decisiones de los representantes y cargos políticos.

Caso práctico 3

OBSERVATORIO CATALÁN DE LA MOVILIDAD
La incorporación del MPF a un observatorio ciudadano de la movilidad

A solicitud de una asociación catalana —la *Associació per a la Promoció del Transport Públic*— trasmitida, a finales de marzo de 2008, por uno de sus fundadores y miembro de su Junta Directiva, el ingeniero de caminos Juan Ramón Domínguez, elaboré en 2008 la siguiente propuesta inicial para que se estudiase la incorporación del MPF al diseño de un futuro *Observatorio Ciudadano de la Movilidad en Cataluña* (OCMC).

Debe advertirse que se trata de una propuesta de aplicación del MPF al quehacer político, en torno al problema de la movilidad, en un contexto institucional de democracia representativa avanzada, que parte del supuesto de que, tanto la sociedad catalana, como sus representantes políticos, están dispuestos a apostar por una creciente conjunción, inteligente y equilibrada, de democracia representativa, participativa, semidirecta y directa en aras de la construcción de una democracia ciudadana. Esto es, de una democracia que, como ya se ha indicado, pasa por reducir paulatinamente la democracia representativa a sus justos términos, fomentar las vías y los medios de la democracia participativa, mejorar el acceso a los procedimientos de democracia semidirecta e introducir paulatinamente prácticas de democracia directa, como lo sería, sin duda, la creación de un Observatorio Ciudadano de la Movilidad en Cataluña inspirado en el MPF. No obstante, para el más que probable supuesto, de que los representantes políticos de Cataluña —o de cualquier otro lugar en el que se tratase de activar este tipo de observatorios— no aceptasen dar el paso significativo que esta tecnología política requiere, reitero que el MPF ha sido concebido expresamente para poder forzar la puesta en marcha de este tipo de instrumentos desde la sociedad civil. En ese caso, sólo restaría promover una versión exclusivamente ciudadana del OCMC activando al efecto los mecanismos propios de la IPF para lograr su autofinanciación.

La propuesta parte de que las funciones esenciales de un futuro observatorio catalán de la movilidad deben ser la definición, la promoción y la gestión colectivas de una movilidad sostenible, segura y placentera. Su objetivo es doble: a) proponer que sea, ante todo, un instrumento político eficaz para el ejercicio, individual y colectivo, de la iniciativa y el control ciudadanos; y b) explicar cómo se potenciaría exponencialmente su eficacia si se inspirase en la técnica asociativo-decisional de la participación fraccionada.

Concebí el *Observatorio Ciudadano de la Movilidad en Cataluña* —en adelante OCMC— como una herramienta *ad hoc* para el ejercicio, individual y colectivo, de los derechos fundamentales de asociación y de participación en este ámbito. Un útil político al servicio de la sociedad que constituya un potente e incisivo medio para que la ciudadanía: a) desempeñe un papel determinante en la tarea colectiva de consensuar qué debe ser una movilidad sostenible, segura y placentera; b) coadyuve a la modificación paulatina de los hábitos asociados a la movilidad; y c) intervenga en el control de su gestión cotidiana, lo más directamente posible.

Una referencia convencional: el *"London travel watch"*. El *"London Travel Watch",* es el observatorio de la movilidad implantado por la London Assembly en la capital británica. Se autoproclama *"la voz de los usuarios del transporte londinense" ("the voice of London's transport users"),* pero no pasa de ser una novedosa herramienta basada en un modelo participativo que, por su corte convencional, podría calificarse de blando. Lo utilizaré como modelo de referencia a superar. A continuación: sintetizaré los principales rasgos del *"London Travel Watch"* y expondré las innovaciones que aportaría la aplicación del MPF a un futuro OCMC. Me limitaré a mencionar los componentes novedosos y, en particular, el carácter público de la función de recopilación y almacenamiento pública del OCMC.

LOS COMPONENTES NOVEDOSOS DEL OCMC IPF

Una función de recopilación y almacenamiento (R+A) pública: archivo-registro abierto y mayor y más específica accesibilidad del usuario.

La potenciación de la iniciativa y del control ciudadanos en la

**definición del modelo de movilidad,
su promoción y gestión.**

**La apertura al asociacionismo
blando y a la participación a la
carta.**

**La inclusión sistemática de la
enseñanza-aprendizaje.**

**Un foro como estímulo para la
participación.**

**Mayor alcance y pluralismo de la
función de información y
asesoramiento.**

**Una coordinación y gestión
autónoma.**

**Una defensoría más especializada y
eficiente.**

**Una función de recopilación y
almacenamiento pública**

Recuerdo que la condición pública de la función R+A es un requisito esencial para la operatividad de la IPF y constituye su principal singularidad. Su corolario es el carácter abierto de su soporte y, en aplicación del principio conectividad inherente al MPF, una mayor y más específica accesibilidad al mismo por parte de los usuarios. Esto es, un uso público que debe potenciarse para que resulte lo más fácil, cómodo, operativo y eficiente posible a todos sus potenciales usuarios. Y cuando recalco que esta función debe ser pública no me refiero sólo a algo tan obvio como que el OCMC pueda ser utilizado por quien lo desee, sino a que el archivo-registro o base de datos que soporta dicha función tenga carácter abierto.

El LTW, mediante sus investigaciones, el debate de sus comités, la valoración y el uso que haga de las sugerencias aportadas por los usuarios, las decisiones adoptadas con respecto a las reclamaciones de los consumidores que les sean sometidas, etc., está en condiciones de participar con conocimiento de causa en el complejo proceso de adopción de decisiones que conlleva la gestión integrada del transporte en una de las mayores ciudades del mundo. Sin embargo, el hecho de que sólo el LTW tenga acceso directo y en tiempo real al flujo de aportaciones procedentes de los consumidores constituye una de las principales limitaciones que no existirían de recurrirse al modelo de participación fraccionada.

El LTW, como hemos visto, no acepta las reclamaciones de los usuarios que no hayan sido planteadas previamente a los proveedores de los servicios de transporte *(initial complaints)*. Sólo atiende las reclamaciones no resueltas por estos *(appeal complains)* y, además, sólo un número restringido de personas tiene acceso directo al contenido de las mismas. Esta práctica, netamente convencional, que impide que otros actores interesados en la promoción de una movilidad sostenible, segura y placentera puedan disponer de tan importante información es incompatible con el ejercicio de la participación fraccionada. Además, las sugerencias o la reclamaciones, únicas aportaciones ciudadanas contempladas por el LTW (junto a las respuestas de los usuarios a las cuestiones planteadas y a sus reflexiones públicas en torno al transporte y a la movilidad expuestas en su foro de debate) no agotan la extensa tipología de elementos relevantes que pueden intervenir en el proceso D+A, como, por ejemplo: las reclamaciones dirigidas directamente a los proveedores de los servicios de transporte, las resoluciones de éstos aceptadas por los reclamantes, las propias sugerencias y gestiones del LTW, las iniciativas, sugerencias, quejas, reclamaciones, informaciones y denuncias de otros actores, individuales y colectivos, participantes, etc.

En consecuencia, el archivo-registro o base de datos de un futuro OCM.IPF debe constituir una potente herramienta pública de recepción, almacenamiento, ordenación y búsqueda de los elementos integrantes de los tres componentes esenciales del proceso D+A —oportunidades PF, impulsos PF y acciones PF— de manera que cualquier persona o entidad interesada pueda intervenir en el mismo, en todo momento, decidiendo libremente el papel que desea desempeñar (principio de rol variable), incluida la opción de liderar sus propias iniciativas (principio de liderazgo abierto).

Las ventajas del carácter abierto del archivo-registro o base de datos del OCM.IPFp son innumerables. Entre ellas: a) que los comerciantes y profesionales del transporte proveedores de los servicios podrían tener en cuenta en tiempo real el permanente flujo de sugerencias, informaciones y reclamaciones aportadas (esto es, los impulsos PF y las acciones PF propias del proceso D+A) y actuar inmediatamente en consecuencia; b) el estímulo que supondría para reforzar la libre competencia entre los diversos operadores; c) que las Administraciones públicas afectadas, las organizaciones de consumidores, los ciudadanos, asociaciones vecinales y, en general, el movimiento asociativo relacionado con la movilidad del que forma parte la PTP, los centros de investigación especializados, etc., incrementarían notablemente la eficacia en el desempeño de sus funciones; d) que los propios ciudadanos, en el ejercicio del asociacionismo blando y de la participación a la carta, podrían ejercer la participación fraccionada, etc.

Pero ¿abierto a quién? Debería ser un modelo público sin restricciones que ponga a disposición de cualquier persona o colectivo interesado en la movilidad sostenible, segura y placentera la información recopilada en el archivo-registro o base de datos del OCM.IPFp en forma de oportunidades, impulsos y acciones de participación fraccionada. Obviamente, el usuario tendría que ser informado de este carácter público y tener la opción de acogerse a una vía específica que garantizase la privacidad, cuando ello resultare aconsejable.

Caso práctico 4

Asunto UNIA/Campus de La Rábida
Ejercicio de observatorio de I+C de la UNIA

Con la denominación Asunto UNIA/Campus de La Rábida me refiero al conjunto de hechos —la iniciativa y las reacciones derivadas— asociados a la decisión de llevar a cabo en la sede de La Rábida de la Universidad Internacional de Andalucía (UNIA) un ejercicio práctico experimental de participación fraccionada. En concreto, la activación de un observatorio PF o de I+C cuyo objeto declarado era el funcionamiento de la misma. Supuesto práctico que utilizaré aquí: a) para comparar esa nueva dimensión de la función A+D —asociacionismo blando y participación a la carta— con el asociacionismo y la participación convencionales y b) para poner de relieve el necesario cambio, tanto de mentalidad para asumirlo, como de normativa jurídica para practicarlo.

PRESENTACIÓN

En el curso de una actividad académica celebrada en la Sede de La Rábida de la UNIA —III Maestría de Derechos Humanos en el Mundo Contemporáneo, dirigida por los Profesores Ramón Soriano y Carlos Alarcón, catedráticos de la Universidad Pablo de Olavide de Sevilla—, en la que intervine, a mediados de 2005, propuse a mis alumnos la activación experimental de un observatorio PF o de I+C para ejemplificar mis explicaciones teóricas. Denominación: Observatorio ecociudadano de iniciativa y control (I+C) de la Sede de La Rábida de la UNIA (en adelante Observatorio UNIA). Iniciativa, pues, de observación y control del funcionamiento de aquella sede-residencia universitaria, difundida a través del portal proyectoin-tersur.org, a la que se invitó a participar a todas las personas, alumnos o no, que pudiesen estar interesados. Su objeto fue el libre desempeño por la sociedad civil de la función de I+C en relación con las actividades de una de las sedes de una universidad pública de ámbito autonómico, dedicada a organizar maestrías de postgrado, en la que varias veces al año participan, en su mayor parte becados por la propia institución, graduados procedentes, por lo general, de América Latina. Una universidad gubernamental *sui generis* que, al no disponer de profesorado propio debe contratar en otras universidades a los directores de las maestrías que, a su vez, invitan a sus colegas como docentes. Que, por tanto, no posee consejos de departamento —sede última de las decisiones de investigación y de docencia—. Carente de claustro —órgano democrático por excelencia de las universidades— y también de mecanismos de representación estudiantil. Una peculiar estructura de educación superior que gira en torno a un órgano unipersonal de estricta lealtad al Gobierno autonómico que lo nombra, como lo avala el que de los cuatro catedráticos que han desempeñado el cargo tres, incluido el actual, han sido miembros del mismo. Cada sede o campus tiene un director, nombrado por el rector/comisario, y una holgada plantilla de personal de administración y servicios, en su mayor parte funcionarios. A todas luces un marco piramidal propicio para la aparición de disfunciones y vicios de funcionamiento autoritario, difíciles de subsanar sin el recurso a mecanismos de control eficientes y autónomos, del tipo del que nos ocupa.

CARACTERÍSTICAS

Cuadro 1
OBSERVATORIO UNIA

Presentación
Este observatorio de iniciativa y control surge como recurso didáctico, de carácter experimental, para la autoformación y la acción ecociudadanas, en el seno de un módulo sobre movimientos sociales y prácticas alternativas. Se concibió como una herramienta piloto abierta al diseño y al uso individual y colectivo y constituyó una invitación a la reflexión y a la acción ecociudadanas dirigida, tanto al profesorado, alumnado y personal de administración y servicios de la UNIA, como a cualquier persona interesada en el adecuado cumplimiento de las funciones universitarias por parte de ésta institución.

Justificación
El riesgo potencial de ineficacia, arbitrariedad, parcialidad y autoritarismo de este modelo universitario gubernamental *sui generis*, carente de autonomía y de control democrático por parte de su inexistente comunidad universitaria.

Objetivos
1) Velar, desde la sociedad civil, por el respeto gubernamental al principio de autonomía universitaria. 2) Promover el cumplimiento de las funciones esenciales de una institución universitaria en una sociedad democrática, sostenible y de responsabilidad global. 3) Dotar, tanto al profesorado, alumnado y personal de administración y servicios, de un instrumento alternativo de iniciativa y control autónomo, plural y abierto al diseño y al uso individual y colectivo. 4) Invitar a participar en el mismo a cualesquiera ciudadanos interesados.

Funcionamiento

El Observatorio UNIA debía funcionar mediante impulsos PF en respuesta a las oportunidades PF. Los impulsos PF se centraban en determinados ámbitos o áreas materiales de carácter general: la autonomía, la calidad académica, las condiciones materiales de estudio y de residencia, las actividades extraacadémicas, las condiciones medioambientales, la convivencia intercultural, etc. Los impulsos PF se agrupaban complementariamente como acciones PF: un escrito al rector/comisario, una queja al Defensor del Pueblo, el ejercicio material del derecho de acceso a la información ambiental ante la Administración competente, una propuesta de actividad, una sugerencia, una protesta, un informe... etc. Los impulsos y las acciones PF se publicaban ordenadamente en el referido portal.

Modus operandi

Para participar: a) cualquier persona interesada puede intervenir —individual o colectivamente— en todo momento dirigiéndose, vía correo electrónico, a: observatoriounia@... b) los impulsos y acciones PF pueden ser nominales o anónimos; c) el equipo INTER/SUR incorporará su contenido sin ninguna excepción en el portal *web* del observatorio; d) el Equipo INTER/SUR, en aplicación del principio de confidencialidad opcional, asumirá los impulsos y acciones PF anónimos cuando no haya ninguna limitación legal y la incorporará al archivo/registro del observatorio asumiendo cualquier responsabilidad que pudiere derivarse de su publicación en *Internet*; y e) en el supuesto de que la normativa vigente discrimine en el ejercicio de un derecho por razón de nacionalidad —caso del derecho de acceso a la información ambiental— el participante o usuario afectado podrá hacerlo constar y un ciudadano con derecho reconocido lo ejercerá en su nombre, siguiendo sus instrucciones.

Participantes

Profesorado, alumnado y personal de administración y servicios de la UNIA y cualesquiera otras personas o colectivos interesados, sin limitación.

Activación

El observatorio —un observatorio laboratorio-aula u observatorio PF en el que prima la finalidad didáctica— se activó mediante los dos impulsos PF iniciales de liderazgo. El primero, relativo a un interés general, asociado al entorno medioambiental de la sede universitaria —*Ejercicio del derecho de acceso a la información ambiental*—, pretendía promover el acceso del profesorado visitante, del alumnado residente y del personal de administración y servicios a una información ambiental fidedigna (cuadro 2). El segundo, relativo a aspectos prácticos de la actividad universitaria cotidiana, que contó con la colaboración de miembros del alumnado —*Informe permanente al Rector*— aspiraba a trasladar al rector/comisario las críticas y sugerencias de profesores, alumnos y personal de administración y servicios para la mejora del funcionamiento de la institución (cuadro 3).

Cuadro 2
DERECHO DE ACCESO A LA INFORMACIÓN AMBIENTAL

Dado que la ubicación del campus de la UNIA en la confluencia de dos ríos mineros —Tinto y Odiel— que han servido de sumidero de los vertidos altamente contaminantes del cercano Polo Químico e Industrial de Huelva, provocaba en el profesorado visitante y en el alumnado residente una lógica mezcla de curiosidad, inquietud e impotencia ante el eventual alcance de la contaminación que se percibe en el ambiente, se invitaba a consultar el demoledor informe de Greenpeace *Un desastre ecológico a escala mundial* (03.05). 🗁

Justificación

El hecho de que la UNIA no hubiese tomado *motu poprio* la iniciativa de poner a disposición del profesorado visitante, del alumnado residente y del personal de administración y servicios, la información fidedigna sobre el entorno medioambiental del campus. Algo implícito en el derecho fundamental de acceso a la información ambiental, máxime tratándose de una maestría sobre Derechos Humanos.

Objetivos

Estimular a la UNIA para que incorporase entre sus servicios al profesorado visitante, al alumnado residente y a su personal de administración y servicios: a) información fidedigna sobre la situación ambiental del entorno de la sede y, en su caso, de los riesgos sanitarios existentes y de las medidas preventivas a adoptar; b) información sobre los instrumentos y mecanismos legales disponibles para el acceso por los interesados a dicha información ambiental y, en su caso, para el ejercicio del derecho de participación en este ámbito; c) un instrumento alternativo, de carácter abierto, autónomo y plural, para que quienes lo deseasen, fuesen o no miembros de la comunidad universitaria, pudiesen acceder a la información ambiental disponible y, de estimarlo conveniente, les permitiese ejercer el derecho a participar en asuntos, que, como la defensa del medio ambiente o de la salud, son responsabilidades colectivas. Y ello, incluso en el supuesto de que la normativa comunitaria y española en esta materia pudiese discriminarles por razones de nacionalidad; y d) poner en evidencia las consecuencias negativas de persistir en su tradicional actitud de amparar, con su cómplice silencio institucional, el clima de generalizada y escandalosa sumisión a la todopoderosa industria del Polo Químico de Huelva.

Cuadro 3
INFORME PERMANENTE AL RECTOR

Aspectos académicos

Horarios: Las exigencias de horas lectivas, distribuidas en tres meses, generaban un horario sobrecargado de clases que no resistía la más elemental crítica pedagógica. Era prioritario revisar este modelo incorporando los nuevos criterios europeos que valoran el tiempo de trabajo personal del alumnado.

Órgano académico: Las decisiones puramente organizativas incidían significativamente en el ámbito académico constituyendo un rígido corsé que limitaba la legítima capacidad de acción de los directores y profesores de las maestrías. De ahí la necesidad de complementar el esquema organizativo de la UNIA con un nuevo órgano colectivo de naturaleza académica, acordado en condiciones de libertad y pluralismo, que asegurase que son criterios de esta naturaleza y no otros —generalmente procedentes de la gerencia o de los responsables administrativos— los que acababan imponiéndose en la práctica. Tal órgano formaría parte del conjunto de propuestas de reforma de la UNIA para dotarla de un nivel razonable de autonomía universitaria, que preparaba un equipo de expertos promovido por el observatorio.

Evaluación: Los procesos de evaluación empleados deberían ser competencia exclusiva de los equipos docentes responsables de las maestrías.

Y continuaba con una serie de críticas y sugerencias con respecto a infraestructuras, manutención, transporte y comunicaciones, salud y medio ambiente, actividades lúdicas y vida social, organización y otros.

FUNCIONAMIENTO

Una primera fase se desarrolló durante la última parte del periodo durante el que fui profesor del citado módulo (junio-julio de 2005). Era parte del material didáctico y contó con la colaboración del alumnado del módulo. Debo hacer constar que la condición de becarios de los mismos y la imperiosa necesidad de obtener el título sin riesgos añadidos, provocó que las diferentes observaciones y denuncias se hiciesen de manera anónima, utilizando al efecto el principio de anonimato optativo. La segunda fase, tuvo lugar al comienzo del siguiente periodo de maestrías organizadas en dicho campus (noviembre de 2005). Entendí que aquella iniciativa piloto debía proseguir su curso y opté por dar carácter permanente al observatorio. De ahí que distribuyese una hoja informativa que invitaba a participar en el mismo, a través de *Internet,* al alumnado recién llegado a la sede.

EL RECHAZO

En el Observatorio de la UNIA operaba el que he llamado principio de afectación directa o de incumbencia, ya que, tanto el contexto medioambiental, como el régimen de vida en la sede, eran asuntos que, en mayor o menor medida, atañían directa y personalmente al alumnado residente. Pues bien, este experimento práctico de participación fraccionada obtuvo el rechazo autoritario y la censura de la dirección de la sede de la Rábida —a la sazón desempeñada por la Dra. María Antonia Peña Guerrero, posteriormente rectora de la Universidad de Huelva— que ordenó la retirada de la hoja informativa —algo, dicho sea de paso, lamentable, pero no inesperado en el tradicional contexto de servidumbre-adhesión generalizada al régimen político andaluz de las últimas décadas—. Posteriormente se puso en contacto con la dirección de la maestría.

Rechazo también del propio consejo académico de propia maestría, a la sazón, un colectivo de investigadores universitarios de la Universidad Pablo de Olavide de Sevilla muy implicado en los desarrollos de las nuevas vertientes de la democracia que, con exquisito talante democrático, me dio audiencia y, tras mantener el oportuno debate, adoptó un acuerdo que contiene aspectos que son de gran interés para comprender las dificultades de esta dimensión de la función A+D que propicia la técnica asociativo-decisional de participación fraccionada. Razonamiento colectivo de sus miembros que, por su solvencia académica, justifica el análisis de este asunto que, en esencia, discurrió así:

Cuadro 4
DENUNCIA DE LA DIRECCIÓN DE LA SEDE

El responsable (R) de la Sede de la Rábida, al tener conocimiento de esta hoja informativa ordenó su retirada y se puso en contacto con la dirección (D) de la maestría para trasmitirle en esencia que había llegado a sus manos un folleto firmado por proyectointersur.org en el que se criticaba duramente a la UNIA y que este folleto era una fotocopia de un apartado de la página *web* del sitio titulado "observatorio ecociudadano de la UNIA".
En su denuncia **R** indicaba lo siguiente: a) es improcedente que se mezcle la institución UNIA con las opiniones de una asociación —o lo que sea—; b) que es improcedente que el profesor (P) emplee las clases para hacer un observatorio contra la UNIA en la que imparte

clases y por la que es contratado, ya que se indica que este observatorio tiene lugar en el seno de las clases de nuestra maestría —en efecto: clases del módulo: movimientos sociales y practicas alternativas, o algo así—; c) que la actuación de **P** es desleal con la UNIA; d) que todo lo que dicen de la UNIA es negativo y nada positivo, a pesar de que le consta que los alumnos se van muy contentos con La Rábida; e) Que **P** podría haber acudido antes a hablar con **R** —que es una persona progresista; y f) que nadie se hace responsable ni firma el folleto ni la página del observatorio.

Cuadro 5
RESPUESTA DE LA DIRECCIÓN DE LA MAESTRÍA

La dirección de la maestría optó por: a) informar al consejo académico de la maestría (CAM); dar audiencia a **P** que contesta por escrito; d) proceder al debate entre sus miembros; y e) adoptar un acuerdo que comunicó a **R** y a **P**.

Cuadro 6
ACUERDO DEL CONSEJO ACADÉMICO

El **CAM** con la asistencia de los profesores (...) tomó el siguiente acuerdo en relación con el Observatorio UNIA y la difusión de folletos informativos del mismo en la sede de la Rábida:

La creación de un observatorio ciudadano sobre la UNIA fue iniciativa de **P** como práctica docente de sus clases impartidas en el módulo de Derechos Humanos y Movimientos Sociales de la III Maestría de Derehos Humanos en el mundo contemporáneo.

Consideramos que la expresión del folleto difundido en la sede de la Rábida bajo la denominación de *Observatorio ciudadano de la Universidad Internacional de An-*

dalucía no es procedente, porque no responde a la realidad. No es la Universidad a través de sus Órganos quien crea tal observatorio.

No cumple el principio de transparencia propio de las instituciones e iniciativas de carácter público que una sola persona, **P**, se haga responsable de todas las opiniones anónimas emitidas en dicho observatorio. Este principio de un sistema de Estado de Derecho es un lógico contrapunto de la libertad de expresión e información, que no solamente constituyen derechos fundamentales sino garantías institucionales de nuestra Constitución, como ha precisado y reiterado la jurisprudencia constitucional, y comporta la responsabilidad de quienes hacen uso de tales derechos, haciéndose cargo nominalmente de sus opiniones públicas. Por otra parte, el hecho de que una sola persona aparezca en el observatorio haciéndose responsable de todas las opiniones e iniciativas, propuestas y acciones manifestadas en el mismo no ofrece garantías para que el observatorio sea realmente un observatorio ciudadano, es decir, el observatorio de un colectivo de personas. Un observador externo malintencionado podría razonablemente intuir o sospechar que se trata del observatorio de un único ciudadano, **P**.

No es procedente que el observatorio ciudadano sobre la UNIA, que tiene su origen en una actividad práctica de iniciativa y control sobre la UNIA realizada en el seno de un módulo docente de una maestría, se conecte con una asociación o colectivo privado de carácter educativo, como es INTERSUR, ubicándose en la página *web* de esta asociación o colectivo, cuyo director general es precisamente **P**. Esto comporta una inadecuada mezcolanza de lo público y lo privado. Nada habrá que objetar, en cambio, a los observatorios ciudadanos originarios de la asociación o colectivo INTERSUR, que tengan por objeto actividades de iniciativa y control sobre las instituciones públicas, cualesquiera sean, inclusive, obviamente, la

UNIA. Como tampoco habrá nada que objetar a que el observatorio ciudadano sobre la UNIA creado en el seno del referido módulo docente de la maestría pudiera, tras la finalización de las clases de la maestría, trasladarse, permanecer y funcionar en un foro u observatorio de la totalidad o una parte de los alumnos (o alumnos y profesores) de la maestría, dirigido y promovido por ellos mismos, con expresión de opiniones y propuestas nominales o refrendadas por una junta o mesa nominal, electa y representativa, que se hiciera responsable de las mismas. La Constitución y la jurisprudencia constitucional no dejan lugar a dudas sobre la procedencia de este hipotético foro u observatorio.

De acuerdo con el párrafo anterior, tampoco puede un determinado observatorio sobre la UNIA, creado en el ámbito de un concreto módulo de una maestría, arrogarse una representatividad *ad futurum*, permaneciendo y funcionando una vez concluida la maestría, en tanto no sea refrendado expresamente por los alumnos de dicha maestría a tales efectos (lo que no consta) o retomado expresamente por los alumnos de futuras maestrías (lo que tampoco consta). En consecuencia:

A. Estimamos que el observatorio ciudadano sobre la UNIA, ubicado en la citada *web* debe ser despojado de las señas de identidad de su encabezamiento (logotipo de la UNIA y referencias a la UNIA y a la maestría como promotoras/autoras del mismo).

B. Con la finalidad de que los observatorios ciudadanos del proyecto INTERSUR alcancen la eficacia y utilidad social de su objetivo, imposibles de obtener si los observatorios carecen de credibilidad en la sociedad civil, nos permitimos hacer las siguientes reflexiones y recomendaciones: a) la conveniencia de que consten en los observatorios los nombres de las personas que los constituyen; b) la conveniencia de que consten los nombres de las personas que emiten opiniones y propuestas en los observatorios, salvando el anonimato optativo de algunos participantes; c) la observancia de los puntos a) y b) anteriores facilitará el ejercicio de funciones de control sobre la veracidad de las opiniones emitidas, pues de otra manera no se asegura que todas las opiniones emitidas sean realmente difundidas o no modificadas; d) la conveniencia de que el observatorio montado en una actividad educativa de una institución ajena a INTERSUR —una clase, un curso, una maestría, etc.— sea refrendado expresamente, cuando permanece y continúa desarrollando sus actividades una vez concluida la actividad educativa, por quienes lo constituyeron durante la celebración de esa actividad, al menos por una mesa electa y representativa de los mismos, pues consideramos que, si no se hace así, se están vulnerando los derechos de quienes no dieron su consentimiento a tal efecto; no hay que olvidar que el primer límite establecido por la Constitución para el ejercicio de la libertad de expresión e información es precisamente el respeto a los derechos de los demás (art. 20. 4 CE) ; e) finalmente la oportunidad de la creación en el seno del proyecto IN-TERSUR de un observatorio general de los observatorios ciudadanos, de libre acceso, como instrumento de control del buen funcionamiento de los observatorios. En este observatorio general podrán ser insertados, como primera propuesta, los apartados de este punto B del presente acuerdo; f) si los observatorios ciudadanos no se rigen por estas normas de procedimiento, estarán ayunos de la credibilidad necesaria para que sean socialmente útiles. Sólo disfrutarán de la credibilidad de una persona, la única que aparece en ellos haciéndose responsable de todo.

C. Los observatorios ciudadanos son un instrumento adecuado para insuflar aire fresco a nuestra insuficiente democracia representativa basada exclusivamente en los partidos políticos, sin que exista una instancia intermedia entre el ciudadano y las estructuras partidistas; una democracia en la que lamentablemente las medidas

de democracia directa son impracticables por los ciudadanos (referendum e iniciativa legislativa popular). Ani-
mamos al Proyecto INTER/SUR a que continúe con la
experiencia de los observatorios ciudadanos, pero con
las debidas garantías para que sean creíbles y tengan
eficacia y utilidad.

COMENTARIOS

La referencia a que *"la expresión del folleto difundido en la sede de la Rábida bajo la denominación
de Observatorio ciudadano de la Universidad Internacional de Andalucía no es procedente, porque no responde a la realidad. No es la Universidad a través de
sus Órganos quien crea tal observatorio"*, sólo puede
deberse a una falta de información. Y es que dicha
expresión significaba que la UNIA era el objeto del
observatorio y no que el observatorio era una actividad de la UNIA. En el ámbito de la Iniciativa IN-
TER/SUR he activado y difundido algunos observatorios de I+C, como el *Observatorio de la Fiscalía de
Huelva en materia medioambiental* que a nadie —y a
la Fiscalía de Huelva, menos que a nadie— se le ha
ocurrió pensar que era la propia Fiscalía quien lo
promovía y difundía. En todo caso, el resto del texto
incluido en la hoja informativa aclaraba suficientemente este extremo (lo que, por cierto, se veía favo-
recido por la calidad del soporte empleado; medio fo-
lio de papel de baja calidad fotocopiado que contras-
taba con el excelente y costoso material publicitario
impreso, siempre en cuatromía, de dicha Universidad). La referencia a que *"Se diseñó en el seno de la
III Maestría de Derechos Humanos, organizada en la
Sede de La Rábida, como un recurso didáctico para la
enseñanza-aprendizaje del derecho de participación"*
tampoco podía inducir a error sobre su titularidad, ya

que sólo significaba eso y era rigurosamente cierto. Además, el hecho de que tal hoja informativa llevase el propio sello institucional —logo y denominación de los observatorios promovidos en el seno del Proyecto INTER/SUR— y un texto suficientemente elocuente, no dejaba lugar a confusión alguna. Es más, por si todo lo anterior no fuese suficiente para despejar cualquier duda sobre la titularidad de la iniciativa, quien hubiese accedido al sitio *web* del observatorio —en el supuesto de haber tenido tiempo para recoger un *"folleto"* tan raudamente censurado y secuestrado— habría comprobado que, lamentablemente, la universidad española no ha llegado a tales niveles de autocrítica, autonomía, pluralismo y democracia.

No obstante, y aclarado este extremo, debo reconocer que se trata de una argumentación irreprochable por parte del **CAM**. Eso sí, en el contexto del modelo asociativo-decisional convencional. Sin embargo, deja de serlo cuando se traslada al contexto del MPF que trataba de experimentar en aquella ocasión mediante un ejercicio de observatorio laboratorio-aula de carácter virtual.

La afirmación *"no cumple el principio de transparencia propio de las instituciones e iniciativas de carácter público que una sola persona, **P**, se haga responsable de todas las opiniones anónimas emitidas en dicho observatorio"* desconoce el importante papel que puede llegar a desempeñar en el MPF el principio modulador de confidencialidad opcional —y sus diversas fórmulas de anonimia— para minimizar o eliminar por completo el mayor o menor riesgo de represalia personal que suele ir asociado al ejercicio del republicanismo en países de nula o escasa tradición democrática. La propia reacción de **R** con respecto a **P** prueba que no andaba muy descaminado al incluir en mi experimento didáctico participativo esta salvaguardia de protección de los potenciales alumnos participantes que ya llevaban tres meses conviviendo con ella. De hecho, en aquella ocasión de trataba de investigar, entre otras cosas, cómo podía operar el MPF, y dicho principio en particular, en un contexto en el que la participación quedaba sustancialmente afectada por la carencia de órganos de representación, la casi generalizada condición de extranjeros del alumnado —agravada, a efectos de participación crítica, por el hecho ya indicado de que casi todos eran becarios de la propia UNIA—, la inexistencia de órganos de iniciativa y control institucionales (claustro y departamentos, etc.) y donde era obvio que la gestión cotidiana producía disfunciones y vicios de funcionamiento autoritarios difíciles de subsanar dadas tales circunstancias.

La referencia al *"hecho de que una sola persona aparezca en el observatorio haciéndose responsable de todas las opiniones e iniciativas, propuestas y acciones manifestadas en el mismo no ofrece garantías para que el observatorio sea realmente un observatorio ciudadano, es decir, el observatorio de un colectivo de personas"* o *"no habrá nada que objetar a que el observatorio ciudadano sobre la UNIA creado en el seno del referido módulo docente de la maestría pudiera, tras la finalización de las clases de la maestría, trasladarse, permanecer y funcionar en un foro u observatorio de la totalidad o una parte de los alumnos (o alumnos y profesores) de la maestría, dirigido y promovido por ellos mismos, con expresión de opiniones y propuestas nominales o refrendas por una junta o mesa nominal, electa y representativa, que se hiciera responsable de las mismas"* no sólo ignoran que tras los posibles mecanismos de anonimato utilizados pueden ocultarse múltiples participantes que aportan sus impulsos PF, sino que pone de relieve una concepción exclusivamente institucional del asociacionismo que desconoce, ¿rechaza?, esa nueva dimensión del asociacionismo blando que propicia el MPF. Y, del mismo modo que lo había hecho poco antes el parlamentario nacional y ex-alcalde de Lepe —José Oria Galloso— que, ante las probadas denuncias de su gestión por parte del *Observatorio de control municipal lepero.com... prometido,* sólo alcanzaba a argumentar que *"INTER/SUR era una sola persona",* el CAM no duda en afirmar que *"un observador externo malintencionado podría razonablemente intuir o sospechar que se trata del observatorio de un único ciudadano..."* Como si la participación individual, basada en los impulsos y acciones PF, que constituye la esencia del MPF, anulase la validez objetiva de las propuestas o denuncias formuladas.

Concepción del asociacionismo que se agota en la institucionalización y reglamentación de este derecho fundamental, la única concebible en un contexto convencional para juristas convencionales, que vuelve a estar presente en afirmaciones como *"tampoco puede un determinado observatorio sobre la UNIA, creado en el ámbito de un concreto módulo de una maestría, arrogarse una representatividad ad futurum, permaneciendo y funcionando una vez concluida la maestría, en tanto no sea refrendado expresamente por los alumnos de dicha maestría a tales efectos (lo que no consta) o retomado expresamente por los alumnos de futuras maestrías (lo que tampoco cons-*

ta)". O en las reflexiones y recomendaciones que denotan pereza intelectual para concebir que una práctica participativa incisiva y eficaz no tenga necesariamente que apoyarse en un asociacionismo formal.

También carece de fundamento la afirmación gratuita de que *"no es procedente que el observatorio ciudadano sobre la UNIA, que tiene su origen en una actividad práctica de iniciativa y control sobre la UNIA realizada en el seno de un módulo docente de una maestría, se conecte con una asociación privada"* ya que, a medida que se iban pergeñando en su seno los rasgos básicos del MPF, decidí transformar IN-TER/SUR en un mero proyecto de investigación no gubernamental (PNG) despojándolo de cualquier forma de personalidad jurídica. Los miembros del **CAM** deberían conocer esta circunstancia o, al menos, haber preguntado. Se me escapa a qué respondió la decisión de ignorar esta realidad para fundar la crítica al observatorio de la UNIA en la falsedad de una realidad asociativa convencional inexistente.

Sin embargo, sí tiene mucha lógica mencionar la necesidad de *"control sobre la veracidad de las opiniones emitidas, pues de otra manera no se asegura que todas las opiniones emitidas sean realmente difundidas o no modificadas"*, esto es, afrontar la falta de garantías objetivas que ofrece el observatorio para asegurar la publicación íntegra de todos los mensajes recibidos. Obviamente, es un punto débil y sigue constituyendo uno de los principales problemas de esta investigación, que sólo podrá resolverse a través de la futura *app ad hoc* de la IPF. En este caso, como en casi todos los demás observatorios activados en el ámbito de INTER/SUR, ha tenido que ser así, por lo que —y en eso tiene razón el **CAM**— *"sólo disfrutan de la credibilidad de una persona, la única que aparece en ellos haciéndose responsable de todo"*, a lo que sólo tengo que añadir que esa persona soy yo, lo que, dadas las circunstancias y los antecedentes que puedo probar, no es poca garantía.

Nada habría que objetar a la sugerencia del **CAM** sobre *"la oportunidad de la creación en el seno del proyecto INTERSUR de un observatorio general de los observatorios ciudadanos, de libre acceso, como instrumento de control del buen funcionamiento de los observatorios"* si INTER/SUR fuese un colectivo o asociación formal dedicado a este menester y no una simple iniciativa ciudadana informal que ha afrontado la concepción, el diseño y la experimentación de vías e instrumentos alternativos para el ejercicio de la participación política, sin ningún tipo de beca o ayuda económica, pública o privada.

CONCLUSIÓN

Concluyo este asunto afirmando que, por las razones expuestas, el observatorio de la UNIA fue y sigue siendo procedente. Nada cabe objetar al juego en el mismo del principio modulador de confidencialidad opcional que en él opera. Nada, porque hay un responsable, ya que, en contra de la afirmación de **R**, en el portal *web* proyectointersur.org, en el que se publicó el observatorio, aparecía claramente el nombre del coordinador del Proyecto INTER/SUR con todos sus datos identificativos. Y tampoco nada a que haya un solo responsable, si éste es identificable —que lo es— y asume conscientemente la responsabilidad legal que pudiere derivarse de su publicación en

Internet —que lo hace—. Qué el *"lector"* no pueda saber si se trata de decisiones colectivas y cuántos —y quiénes— las respaldan, me parece irrelevante y forma parte de las reglas del ejercicio de observatorio conocidas por el propio usuario. ¿Qué un solo ciudadano resultase la única persona que esté detrás y, en consecuencia, lo pueda utilizar por razones o con objetivos inconfensables? Puede que sea así o que no lo sea, pero continúan siendo hechos irrelevantes ante la potencial utilidad social de las propuestas y las denuncias fundamentadas y responsables del observatorio de I+C. Este tiene sus reglas y estas son conocidas, y no deja de ser un instrumento plural y democrático por el mero hecho de no promover iniciativas o adoptar decisiones asamblearias. Lo es en la medida en que está abierto a la libre participación de cualquier ciudadano o colectivo ciudadano —por cierto, sin limitación de nacionalidad—. Se trató de un experimento práctico, imperfecto por supuesto, de participación fraccionada en el seno de un centro universitario, promovido y asumido personalmente por el docente que lo utiliza como recurso didáctico-experimental. Además, si se estima que el docente ha acometido algún tipo de infracción o falta lo procedente es que el órgano universitario competente utilice los procedimientos informativos y, en su caso, sancionadores, al efecto, pero nunca actuar, como lo hizo **D**, secuestrando la información y represaliando al docente —y por extensión a todo el equipo organizador de la maestría— por la vía sutil de recordarles cómo no hay que comportarse si se desea seguir disfrutando de la confianza-prebenda académica de tan peculiar institución. Es más, podría extenderse con suma facilidad a ámbitos similares, ya no como ejercicio de observatorio laboratorio-aula, sino directamente como observatorio de resultado. Es más, estimo que debería ser promovido por la propia UNIA y por cualquier universidad que valore su autonomía.

Y dado que los amigos del **CAM** opinan que *"los observatorios ciudadanos son un instrumento adecuado para insuflar aire fresco a nuestra insuficiente democracia representativa basada exclusivamente en los partidos políticos, sin que exista una instancia intermedia entre el ciudadano y las estructuras partidistas; una democracia en la que lamentablemente las medidas de democracia directa son impracticables por los ciudadanos (referéndum e iniciativa legislativa popular)"* les invito —les invité entonces y lo sigo haciendo— a que pongan todo lo que puedan de su parte para afrontar el proceso colectivo de experimentación, perfeccionamiento y puesta punto del MPF que propongo. Algo, dicho sea de paso, que tiene cabida en lo que han denominado Laboratorio de ideas y prácticas políticas (LIPPO) que funciona en la Universidad Pablo de Olavide, pero que a excepción de los profesores Soriano y Alarcón y de la profesora Lucena Cid, a ninguno de sus miembros ha parecido interesarle lo más mínimo.

LOS GRUPOS DE CIUDADANOS DE ACCIÓN POLÍTICA[30]

La participación ciudadana en la vida pública no tiene que estar sujeta siempre a los modelos institucionales y a los cauces de participación establecidos. Se reitera mucho que es lamentable que la participación política de los ciudadanos se limite a votar en elecciones periódicas cada cuatro años, dejando después a los elegidos que actúen a su aire. Con lo que los políticos se hacen irresponsables, porque los ciudadanos electores no les piden cuentas. No sólo la participación de los ciudadanos en la vida pública no debe ser exclusivamente institucional, sino que es conveniente que no lo sea. Porque esta participación debiera moverse espontáneamente y siguiendo los cauces generados por los propios ciudadanos constituyendo grupos ciudadanos de interés público. En el número de estos grupos se incluirían los grupos de ciudadanos de acción política, preocupados por la vida política del país. Grupos de ciudadanos sin la estructura y el funcionamiento de los partidos políticos, de menor pretensión que éstos, pero también carentes de sus limitaciones, dependencias y lastres.

Utilizo —dice el profesor Soriano, autor del conconcepto (Soriano, R., 1997, 253)— la expresión "grupos" para destacar la espontaneidad y escasa organización de los miembros que forman los grupos; también podríamos utilizar la expresión "colectivos de ciudadanos", aunque ésta presentaría quizás una excesiva informalidad. Empleo el sentido social de la expresión grupo: "conjunto de personas que mantienen una relación y cohesión y una organización mínimas para alcanzar fines comunes" Prefiero

---

[30] Soriano, R. L; Rasilla, L.; Democracia vergonzante y ciudadanos de perfil. Ed. Comares, Granada, 2002; pp. 237-240.

también hablar de grupos y no de asociaciones, a no ser que entendamos esta expresión en una acepción vaga, porque normalmente este término evoca cierta institucionalización; cuando se habla de asociaciones muchos piensan en formas sociales organizadas jurídicamente; las asociaciones suelen ser entidades registradas y dotadas de estructura y funcionamiento regulados estrictamente; en este sentido representan algo más configurado y formalizado que los simples grupos.

Las asociaciones, cuando se hacen complejas, presentan dos riesgos: el dirigismo de su elite, bien porque a ésta le interesa actuar al margen de las bases sociales, o bien porque a estas bases les interesa descargar sus preocupaciones en los responsables de las asociaciones (o por ambas razones conjuntamente), y las dependencias y limitaciones derivadas de los pactos externos y las exigencias de las fuentes de financiación de las asociaciones.

Por otra parte, la expresión "acción política" no pretende ser exclusivista y reduccionista. No se quiere decir con ella que los grupos que defienden el medio ambiente o la paz no posean una acción política o que las cuestiones que defienden no posean una relevancia política. En un sentido amplio, política lo es todo, o casi todo, porque nadie está fuera de la política, por más que intente colocarse al margen de su influencia. Cuando decimos acción política nos referimos a este término en su acepción más amplia, equivalente a acción en la vida política del país, y no en aspectos concretos, como serían el medio ambiente o la paz; y más concretamente nos referimos a la vida política de quienes hacen la política y persiguen fines políticos (actores de la política) y a los programas y proyectos políticos (objeto o materia de la política).

Porque es el caso que en nuestro país, y en general en las sociedades avanzadas, predominan los grupos de ciudadanos sensibilizados por intereses concretos: el medio ambiente, el pacifismo, los menores, los internos de las prisiones, etc., pero no por los intereses más amplios de la vida política. Por otra parte, estos grupos —a los que se les llama de diversa manera: ONG, movimientos sociales, movimientos ciudadanos, etc.— adquieren con el tiempo unas estructuras mayores y un funcionamiento cada vez más regular y complejo, con lo que llegan a convertirse en verdaderas instituciones, desapareciendo de ellos la espontaneidad y el dinamismo que al principio les caracterizaban. Espontaneidad y dinamismo que aquí defiendo para los grupos de ciudadanos no institucionalizados.

En la vida pública de nuestro país la presencia de grupos de acción política, tal como aquí se les considera, prácticamente no existe. O el ciudadano o las instituciones; no hay una franja intermedia. El ciudadano participa escasamente en la vida política y deja que los políticos hagan la política del país; es un mero comparsa de la gran escena, con montaje incluido, de la política de los políticos. No quiere decir esto que los grupos de esta naturaleza nunca hagan acto de presencia, pero ésta es muy limitada (casi inexistente). El autodenominado "Colectivo Itaca", compuesto por personas prestigiosas, que expresa su opinión en los medios periódicamente ante grandes acontecimientos políticos es un claro y raro ejemplo de actos de acción política fuera del ámbito institucional de la participación política.

Falta la gran franja de los ciudadanos y sus grupos espontáneos participando en la vida política del país, por lo que la política se institucionaliza y los ciudadanos salen perdiendo. El observador externo adquiere la impresión de que la política es cosa de partidos y para los partidos, porque la política y los políticos no se salen de los límites de los partidos políticos, en los que los ciudadanos, para más inri, dicen no confiar, si atendemos a los resultados de las encuestas. Un panorama indudablemente kafkiano. Escojamos cualquier tema de relevante acción política de los muchos que nos ha deparado la política del país en los últimos años, y preguntémonos cuál ha sido la opinión y la actuación de los ciudadanos al respecto. Salvo alguna rara excepción, inexistente. Todo se ha reducido a un combate entre profesionales: de la política, del periodismo, de la economía. Lo más frecuente ha sido que el pobre ciudadano, que paga sus impuestos, ni siquiera ha estado en escena. Aun cuando era el personaje principal de la obra. Es necesario el rearme de la sociedad civil y su presencia en la vida política. Porque en la medida que los ciudadanos se abstengan, otros ocuparán su lugar.

La participación directa de los ciudadanos en la esfera política facilitaría la recuperación de dos importantes colectivos situados al margen de las instituciones políticas. Por una parte, los marginados sociales, cada vez más numerosos, que ni participan, ni presionan, ni votan; por una diversidad de circunstancias viven en unas condiciones de vida gravemente precarias, que les colocan distantes de la mayoría social. ¿Se marginan estos colectivos o el sistema les margina? ¿Cualquier sistema genera estos colectivos marginales? Quizás una mayor facilidad en la participación en la cosa pública, una mayor proximidad entre ciudadanos e influencia política podría suponer un acicate para la recuperación de estos numerosos colectivos, que ven como un muro infranqueable a las instituciones políticas. Por otra parte, los abstencionistas, una importante franja electoral, que no votan a los partidos políticos, ni se sienten vinculados a las decisiones de unos Parlamentos dominados por los partidos, que no les representan, ni velan por sus intereses políticos...

"DALE VIDA AL RÍO"
Ejemplo de actuación disfuncional de una ONG

La iniciativa *"DALE VIDA AL RIO"* fue una campaña de gran difusión —en España y Portugal— organizada por *Greenpeace*, en octubre de 2006, para llamar la atención de la opinión pública sobre los diversos problemas que afectan a la cuenca del Guadiana. 🗁

Las observaciones y denuncias públicas generadas por un observatorio de I+C —Observatorio del Bajo/Baixo Guadiana, organizado por INTER/SUR, en el que participaron *Ecologistas en Acción de Ayamonte*, *Pura Vida* y otras organizaciones españolas y portuguesas— 🗁constituyó uno de los platos fuertes de la misma. De hecho, la denuncia de la influyente ONG tuvo efectos fulminantes. Su publicación en la edición nacional del diario motivó que ese mismo días, horas después, el comité provincial del PSOE de Huelva hiciera pública su oposición a la macro-urbanización *"El Granado Golf"* promovida por el alcalde socialista de El Granado. 🗁 No comentaré ahora tan repentina e hipócrita pirueta de un partido político, sólo celebraré, como lo hicimos muchos en su momento, su derrota a mano de la sociedad civil organizada. Lo que me interesa destacar es que la actuación de *Greenpeace* puso de relieve ciertas disfunciones graves a las que puede dar lugar el sistema de funcionamiento y adopción de decisiones por parte de las ONG. La pregunta es: ¿por qué *Greenpeace* que, como se puede demostrar con las fichas de seguimiento del observatorio, conoció el asunto con varios meses de antelación, aguardó hasta la celebración de su campaña *"DALE VIDA AL RÍO"* para hacer pública su denuncia? El retraso, que pudo deberse a la decisión de la organización de reunir el mayor número de agresiones ambientales para dar más realce a su campaña y de no querer descubrir antes de tiempo el que resultó ser uno de los hechos más llamativos de la misma, tuvo una consecuencia muy desfavorable: la no paralización a tiempo de la construcción de la carretera ilegal de acceso al puente y a la ansiada urbanización. Es cierto que la campaña detuvo su construcción hasta que el Consejo de Ministros español optó por declarar la utilidad pública de la obra, pero *Greenpeace* lo hizo cuando ya estaba prácticamente consumado el grave daño ambiental que se trataba de evitar. Estoy convencido de que se podría haber impedido la obra o, al menos, una ejecución tan agresiva por parte de la Diputación Provincial de Huelva, si *Greenpeace* no hubiese esperado diez meses para ejercer su influencia política.

La agresión al medio quedó probada por la necesidad que tuvieron los promotores de comprometerse públicamente a introducir una serie de medidas correctoras que les fueron exigidas tras las denuncias ecologistas. En relación con el reconocimiento oficial de que tales correctores ambientales eran necesarios, he referido en otro lugar la siguiente escena real: "Imagínense a un profesor de ecología en el siempre penoso trance de echarle un capote a un responsable político provincial. Ambos han citado a la prensa para tratar de salir al paso de una consistente denuncia de Greenpeace y Ecologistas en Acción por la construcción de una carretera, tan ilegal como innecesaria, en una zona de alto valor ambiental. El profesor toma la palabra y reconoce que las obras de esta vía *han provocado una cicatriz que hay que cubrir* ya que la maquinaria pesada ha producido en el medio una *herida limpia que se puede curar* y, a continuación, anuncia la terapia por la que le pagan. Indica que, entre las medidas correctoras para minimizar el impacto ambiental que propone en su informe, se encuentra la siembra en los taludes de la carretera de *vegetación que absorba el carbono desprendido por los vehículos*. Entonces, el político, al que le han soplado que eso es cumplir con el Protocolo de Kyoto, no tiene empacho alguno en celebrar ante los periodistas que la Diputación Provincial que preside haya iniciado así *una lucha para combatir el cambio climático*, espetándoles, para que vayan con el cuento a los ciudadanos, que *construir una carretera es una buena forma de hacerlo*. Y con esa absurda ocurrencia, que él y su entorno de paniaguados juzgarán brillante, pretende ocultar que la razón última para optar por tan impresentable alternativa fue propiciar una macrourbanización, con dos campos de Golf en el valiosísimo espacio protegido del último tramo español del bajo Guadiana. Los protagonistas reales de esta historia fueron el profesor Enrique Figueroa (Universidad de Sevilla) y José Cejudo (Presidente de la Diputación de Huelva, hasta las elecciones municipales del año 2007).

VOCABULARIO
DE LA PARTICIPACIÓN FRACCIONADA

AAE, autoformación y acción ecociudadanas
Proceso de enseñanza-aprendizaje cívico y de participación creciente de la ciudadanía en el quehacer republicano global. Proceso interactivo permanente de enseñanza/ aprendizaje cívico y de participación creciente en la defensa de la *res publica* mundial, mediante el que los ciudadanos y las ciudadanas, insertos en un sistema global interdependiente y de frágil y precario equilibrio, cobran conciencia de su pertenencia a la sociedad sostenible y de responsabilidad colectiva; adquieren los conocimientos, los valores, las competencias y la experiencia para ejercer la ecociudadanía con todos los medios disponibles y se afanan en perseverar en su práctica.

Acción ecociudadana, acción política ecociudadana

Acción política derivada de la autoatribución de legitimación ple-na para intervenir en el gobierno de la *res publica* planetaria, ya sea en la acepción más amplia de lo político, como en la restringida a aspectos concretos, como la paz, el medio ambiente, los derechos humanos, la cooperación al desarrollo, etc.

Acción PF, acción de participación fraccionada, acción PF de cooperación

Agregación o agrupación de impulsos PF complementarios propios del proceso D+A del MPF.

Acción PF de liderazgo

Acción PF, individual o colectiva, resultante de los impulsos PF de liderazgo.

Actitud ecociudadana

Actitud cívica alternativa, responsable y solidaria, comprometida prioritariamente con la definición, formulación y defensa de los intereses comunes de los seres humanos, que constituye un acto de legítima profundización democrática y de emancipación ciudadana, coherente con el hecho histórico de la globalización.

Activación, activación de un observatorio PF

Adopción pública de la decisión, individual o colectiva, de afrontar un determinado asunto de interés general mediante la participación fraccionada. Con la activación se inicia —activación inicial— el funcionamiento de un observatorio o se ponen en marcha en su seno sub-observatorios y observatorios específicos —activación sucesiva— que pueden constituir nuevos marcos de iniciativa y control.

Activación direccional, activación direccional de un

observatorio PF
Efecto sobre un observatorio de la acción PF de liderazgo que modifica su orientación. Constituye un reajuste asociativo-deci-sional del observatorio inducido por el principio de cohabitación cooperativa, que puede abrir vías de actuación divergentes o, incluso, antagónicas. Es exponente del asociacionismo blando y de la participación a la carta que propicia el MPF.

Actoescritura
(Del lat. *actus*, acción o ejercicio de la posibilidad de hacer, y *scriptūra*, acción efecto de escribir), modalidad de escritura en la que el autor sitúa determinados signos —*infoalfa, alfaflecha* y *geopeefe*— tras ciertos términos, frases o contextos con el fin de que el lector pueda ejercer la actolectura.

Actolectura
(Del lat. *actus*, acción o ejercicio de la posibilidad de hacer, y del b. lat. *lectūra*, acción de leer), modalidad de lectura durante la cual el lector dispone de la posibilidad de actuar. O, más precisamente, de aprovechar las oportunidades que le brinda el texto para intervenir en los asuntos públicos mediante la activación de los enlaces o hipervínculos incorporados a signos *ad hoc* que siguen a ciertos términos, frases o contextos.

Afectación directa, principio de (o principio de incumbencia)
Principio motivador del MPF que opera cuando la motivación del quehacer participativo, con respecto a un determinado asunto o situación, deriva esencialmente de la previa consciencia de cierto grado de afectación directa o de incumbencia personal.

Agregación —agrupación— de impulsos PF

Proceso espontáneo y consecuente de acumulación de impulsos PF en respuesta a las oportunidades PF proporcionadas por la previa desagregación del quehacer participativo.

Alfaflecha

Signo de propuesta de acción empleado en la actoescritura, compuesto con la letra alfa y el extremo puntiagudo de una flecha horizontal (α>), que incorpora un enlace o hipervínculo, susceptible de ser activado por el lector para aprovechar las oportunidades de intervención en los asuntos públicos que le brinda el texto. Signo propuesto por el Proyecto INTER/SUR.

Ámbito virtual de ecociudadanía (AVE)

Ámbito genérico de actuación de una asociación para la participación política que, una vez delimitado por acuerdo de sus miembros, queda fuera del control de sus órganos regulares de gobierno, gestión económica y representación. Ámbito específico del objeto social estatutario de la misma acotado que se abre al ejercicio de la técnica asociativo-decisional de la participación fraccionada.

Aquiescencia pactada, principio de

Principio modulador del MPF alusivo a la inacción o silencio deliberado definido previamente, en ejercicio consciente de la autonomía de voluntad, como opción política válida. Actuación, que por su carácter voluntario e intencionado, al tiempo que previsto como alternativa dotada de un significado expreso, no está sujeta a interpretación política. Posibilita la incorporación del MPF a un instrumento asociativo-decisional convencional.

Asociación para la participación política

Cualquier agrupación ciudadana con personalidad jurídica, carente de ánimo de lucro, constituida en el ejercicio de los derechos fundamentales de asociación y de participación, con la finalidad de intervenir, tras el acuerdo mayoritario de sus miembros, en cualquier ámbito material y espacial de la actividad política, sin aspirar al desempeño de funciones gubernamentales.

Asociacionismo blando

Nueva dimensión del hecho asociativo, inherente al MPF, que trasciende la tensión del asociacionismo convencional a la institucionalización, cualquiera que sea su grado, al posibilitar que la mera voluntad de afrontar un determinado asunto de interés público mediante la participación fraccionada constituya un hecho asociativo.

Autoatribución de legitimidad. (*Vid* principio de ecociudadanía)

Ciudadano/a de acción política, ciudadano/a de participación fraccionada, ciudadano/a PF,

Ciudadano/a que, en el contexto de socialización del protagonismo político que posibilita el MPF, opta por aprovechar las oportunidades PF que le brinda la IPF para generar impulsos PF y acciones PF, consciente de superar así, la fatal convicción de la neutralidad de los actos que subyace a la generalizada sensación de que las acciones individuales carecen de repercusión general y no sirven para tratar de cambiar las cosas.

Civeocio

(*Cive*, del latín *civicus*, de *civis* relativo al ciudadano y ocio del latín *otium*). Modalidad genérica de ocupación del tiempo libre orientada adrede a implementar, en mayor o menor grado, tanto la instrucción, como el ejercicio del civismo.

Civeturismo

Variante del civeocio en el ámbito de la actividad turística.

Cohabitación cooperativa, principio de

Principio modulador del MPF asociado a las nociones de tolerancia, pluralismo y eficacia. Alude a la capacidad del MPF para propiciar esa nueva dimensión asociativo-decisional del asociacionismo blando y la participación a la carta, que da cabida en un mismo marco instrumental a enfoques, planteamientos y actuaciones divergentes e, incluso, antagónicos.

Complementariedad, principio de

Principio operacional del MPF que asegura que los impulsos PF, que se agregan para producir acciones PF, lo hagan complementándose, posibilitando el carácter unidireccional, discrepante e, incluso, antagónico de éstas.

Conectividad, principio de

Principio operacional del MPF alusivo al imprescindible recurso a las modernas tecnologías de la infocomunicación y a la accesibilidad, a través de ellas, a los instrumentos políticos de aplicación de la técnica asociativo-decisional de participación fraccionada.

Confidencialidad opcional, principio de

Principio modulador del MPF que aporta seguridad al quehacer participativo al contemplar diversas fórmulas de anonimia, dirigidas a minimizar o eliminar por completo el mayor o menor riesgo personal, de diversa índole, que puede aparejar al ejercicio del republicanismo.

Cooperación, principio de

Principio operacional del MPF que pone de relieve el carácter cooperativo —expreso o tácito— del proceso D+A.

Democracia ciudadana

Conjunción inteligente y equilibrada de democracia representativa, participativa, semidirecta y directa. La construcción de una democracia ciudadana exige: reducir la democracia representativa a sus justos términos, fomentar las vías y los medios de la democracia participativa, mejorar el acceso a los procedimientos de democracia semidirecta, ampliando sus esferas de actuación e introducir paulatinamente prácticas de democracia directa.[31]

Democracia ecociudadana

Democracia ciudadana, legitimadora del ejercicio de la ecociudadanía, dotada de los instrumentos de enseñanzaaprendizaje y de acción políticas que se requieren al efecto.

Derecho-deber de ecociudadanía

Derechodeber de todo ciudadano/a, con independencia de su nacionalidad o eventual situación de apatridia, de participar directamente en los asuntos públicos que afectan a la comunidad internacional en su conjunto —*res pública planetaria*—, pudiendo recurrir para ello a cuantos instrumentos de acción política, individuales o colectivos, estime pertinentes.

Desagregación-agregación del quehacer participativo, principio de

Principio inspirador del MPF, inductor del proceso de desagregación-agregación (proceso D+A) del quehacer participativo que está en la base de la participación fraccionada.

Desagregación de la acción participativa

Proceso inicial o previo de partición, división, fragmentación o descomposición de la acción participativa, inducido por la IPF, para generar oportunidades PF.

Ecociudadanía; ciudadanía mundial, ciudadanía global

---

[31] Término propuesto por el Prof. Soriano. *Vid* Soriano, R.; Rasilla, L., Democracia vergonzante y ciudadanos de perfil, op.cit.

Eco, del griego *oixo* que significa casa, morada, ámbito vital... y *ciudadanía*, condición del nacional de un Estado, sujeto pleno de derechos y deberes, facultado para intervenir en su gobierno. Condición de todo ser humano, titular de una parte alícuota de la soberanía mundial, legitimado para intervenir, con independencia de su adscripción nacional, en cualesquiera asuntos públicos en pro del desarrollo humano de todos los habitantes del planeta, mediante la satisfacción de sus necesidades, sin comprometer el de las futuras generaciones.

Ecociudadanía, principio de; autoatribución de legitimidad participativa, principio de

Principio motivador del MPF de autoatribución de legitimidad participativa en el gobierno de la res publica global, responsable de que la IPF incorpore la dimensión planetaria de la ciudadanía y el conjunto de funciones inherentes a su ejercicio.

Ecociudadano/a

Ciudadano/a, consciente de su pertenencia a la sociedad sostenible y de responsabilidad global, que decide autoatribuirse, en el ejercicio de su plena autonomía de voluntad, legitimación para intervenir en el gobierno de la res pública planetaria y actúa en consecuencia. Ciudadano/a con actitud ecociudadana.

Ecociveocio

(*Eco*, del griego *oixo* —casa, morada, ámbito vital...— para resaltar el ámbito planetario común de los seres humanos; *cive*, del latín *civicus*, de *civis* relativo al ciudadano y ocio del latín *otium*). Modalidad de civeocio que incorpora la dimensión global o ecociudadana.

Ecociveocio, principio de

Principio complementario del MPF, responsable de que la IPF asocie la instrucción —y la autoinstrucción— cívicas y el ejercicio del derecho de participación política al fenómeno del ocio.

Ecociveturismo

Modalidad de civeturismo que incorpora la dimensión global o ecociudadana.

Ecociveturismo, principio de

Principio complementario del MPF, responsable de que la IPF asocie la instrucción y la autoinstrucción cívicas y el ejercicio del derecho de participación política al creciente fenómeno de la movilidad derivada de la actividad turística.

Ediacción

Del latín *editĭo, ōnis* y *actĭo, ōnis*, edición que incluye recursos para la acción. Vocablo que aporta a la literatura, y a la escritura en general, una función inédita e insospechada inductora de la inexorable transición hacia la actolectura generalizada del futuro. Función que presupone la incorporación de adelantos por venir en el ámbito de la ingeniería política y social hoy inimaginables. Original simbiosis entre literatura y política que, al abrir de par en par las puertas a la actoescritura, condicionará el hecho mismo de escribir y de editar. Término, asociado al modelo de participación fraccionada, propuesto por el autor en 2015.[32]

---

[32] *Vid* Rasilla, L.; *De la edición a la ediación: en la senda de la actoescritura y la actolectura.* Disponible en el anexo de *códigos QR.*

Efecto moderación-adulteración

Pérdida de autonomía que conlleva la moderación y adulteración de sus objetivos y estrategias susceptible de afectar a las asociaciones de participación política al ser controladas o absorbidas por instituciones gubernamentales. Trance de moderación, abdicación e integración institucional, demasiado frecuente, que suele acarrear la pérdida del vigor y la libertad crítica y la merma de la confianza ciudadana.

Ejercicio de observatorio

Actividad de AAE programada adrede para el desempeño de la función I+C en el seno de un observatorio o subobservatorio en funcionamiento. Puede formar parte de una actividad ecociveturística, o puede desarrollarse en un aula o taller presencial o llevarse a cabo a distancia, vía internet. Su objetivo es el adiestramiento en la técnica asociativo-decisional de la participación fraccionada, mediante la puesta a disposición de los participantes de oportunidades PF prediseñadas al efecto.

Estrategia ECOCIUDADANIA 3.0.

Estrategia para la experimentación y el desarrollo cooperativo del MPF y la IPF. Inicialmente incluye las iniciativas *PAUTA/e 3.0, OPTa, ALE LEA, WIKIACCIÓN* y *PMICO*.

Fragmentación, principio de

Principio responsable de la inducción por la IPF del doble proceso interactivo de desagregación de la acción o quehacer participativo y de agregación de impulsos PF característicos del MPF.

Función asociativo-decisional, función A+D

Función de la IPF que modula la realización práctica del quehacer asociativo-decisional convencional al incorporar las nuevas dimensiones del asociacionismo blando y de la participación a la carta, propias del MPF.

**Función de enseñanza-aprendizaje, función E+A,
función aula**
Función de la IPF para la instrucción —y autoinstrucción—
cívica en el ejercicio del derecho de participación política.

**Función de encuentro y debate, función E+D,
función foro**
Función de la IPF dirigida a posibilitar el encuentro y el intercambio de ideas —a distancia y presencial— entre usuarios.

**Función de información y asesoramiento, función I+A,
función de asesoría**
Función de la IPF dirigida a facilitar que el ejercicio del republicanismo pueda llevarse a cabo con un adecuado conocimiento de causa en el manejo de los asuntos públicos, en su
dimensión ecociudadana.

Función de iniciativa y control, función I+C
Función de la IPF que concierne, de un lado, a las tareas de
concepción, diseño, presentación y/o ejecución, por parte de
la sociedad civil, de iniciativas consistentes en propuestas de
soluciones a todo tipo de problemas concretos con relevancia
pública; de otro, a las de comprobación, fiscalización y, en su
caso, denuncia de cualesquiera acciones u omisiones con incidencia en los asuntos de interés general. Puede desdoblarse
en sendos componentes, expresándola con el binomio I+C. Su
plataforma o soporte específico es el observatorio PF.

**Función de recopilación y almacenamiento, función R+A,
función archivo/registro**
Función de la IPF que proporciona el archivo PF para el ejercicio de la participación fraccionada.

Función de coordinación y gestión, función C+G,
función de agencia

Función de la IPF de respaldo logístico al ejercicio de la participación fraccionada incorporada a su *app PF* y complementada con el apoyo de organizaciones soporte.

Función de vigilancia y garantía, función V+G,
función de defensoría

Función de la IPF orientada a la seguridad de sus usuarios y de las personas o instituciones afectadas.

Geopeefe

Contracción de generador de oportunidad de participación fraccionada —que se expresa en la actoescritura con el signo $_gOP_I$— que incorpora un enlace o hipervínculo susceptible de ser activado por el lector que desee publicar en *Internet* sus propias propuestas de acción.

Impulsos PF de liderazgo

Decisiones políticas ciudadanas, individuales o colectivas, que agregan o agrupan complementariamente impulsos PF de cooperación generando acciones PF de liderazgo.

Impulso de participación fraccionada, impulso PF,
impulso PF de cooperación o impulso PF sucesivo
de cooperación

Acto de participación política, individual o colectivo, realizado a través de una IPF, en respuesta a una oportunidad PF, capaz de complementar —o de ser complementado por otros— para agregarse o agruparse como acciones PF.

Infoalfa

Signo $i\alpha$ empleado en la actoescritura que incorpora un enlace o hipervínculo, susceptible de ser activado por el actolec-

tor, para obtener información que le ayude a actuar con conocimiento de causa.

Instancia de participación fraccionada, IPF
Prototipo genérico de instrumento político de nueva generación, autónomo, plural, autoinstructivo, virtual e interactivo,
para el asociacionismo blando y la participación a la carta,
capaz de desencadenar un quíntuple y permanente efecto de
autofinanciación, autoregulación, autoexpansión, autorenovación y autogeneración, dotado de una *app PF* y susceptible
de uso individual y colectivo, por un número indeterminado
de ecociudadanos/as PF.

Liderazgo abierto, principio de
Principio modulador del MPF que incorpora a la IPF la extensión del principio de rol variable al ejercicio de liderazgos,
representación y portavocías espontáneos y cambiantes.

Modelo de participación fraccionada (MPF),
de participación sucesiva, desagregativo-agregativa
o por impulsos complementarios
Técnica asociativo-decisional inédita que, por la interacción de
las modalidades de asociacionismo y de participación extremadamente flexibles que propicia y la incorporación explícita
de componentes cívicos o republicanos en los hábitos placen-
teros de los seres humanos, asociados a su creciente movilidad real o virtual, es susceptible de inspirar instrumentos políticos de nueva generación, aptos para estimular exponencialmente la autoformación y la acción políticas de modo directo, generalizado, eficiente, en condiciones de autonomía y
pluralismo y sin restricción alguna.

Observatorio PF, observatorio de iniciativa y control,
observatorio I+C, observatorio de participación
fraccionada, observatorio ecociudadano

Soporte o plataforma virtual *ad hoc* para el ejercicio, individual o colectivo, de las funciones ecociudadanas de I+C de la
IPF, mediante la técnica asociativo-decisional de la participación fraccionada.

Observatorio aula
Observatorio PF en el que prima la finalidad didáctica.

Observatorio específico
Observatorio PF, inducido o no por un observatorio o sub-
obser-vatorio anterior, que abre un nuevo ámbito genérico de
observación.

Observatorio laboratorio
Observatorio PF en el que prima la finalidad experimental.

Observatorio marco
Observatorio PF genérico concebido para dar cabida en su
seno a sub-observatorios.

Observatorio de resultado
Observatorio PF propiamente dicho en el que prevalece la
intencionalidad de alcanzar un objetivo político, bien proponiendo o buscando soluciones —observatorio de iniciativa—
o ejerciendo el control del poder —observatorio de control—.

Oportunidad de participación fraccionada, oportunidad PF
Opción participativa, propia del MPF, resultante de la descomposición o fraccionamiento del desarrollo potencial del
quehacer participativo.

Participación a la carta
Dimensión del quehacer participativo inherente al MPF que
sustituye los habituales procesos formales de adopción y eje-

cución de decisiones, basado en el acuerdo mayoritario, por procesos D+A que aprovechan la previa desagregación del quehacer participativo en oportunidades PF, para la aportación de impulsos PF, que pueden agruparse y ordenarse complementariamente como acciones PF. [33]

PAUTA, Plataforma para la autoformación y la acción

Original y potente prototipo de soporte genérico para la autoformación y la acción capaz de desencadenar procesos autoexpansivos exponenciales, garantes de su propia continuidad, autorenovación y autofinanciación. Recurso educativo *sui géneris*, susceptible de usarse en cualquier proceso de enseñanzaaprendizaje que pretenda ser abierto, colectivo, mixto, polivalente, flexible, permanente, autónomo, plural, comprometido, atractivo, desinteresado, asequible, accesible, autofinanciable, autorenovable, potencialmente ilimitado, transferible, útil, eficiente, y dinamizador. Concebido en el ámbito del Proyecto INTER/SUR para llevar a cabo procesos de autoaprendizaje y participación a gran escala.

PAUTA/ecociudadana

Plataforma para la autoformación y la acción diseñada ex profeso para experimentar colectivamente, expandir con facilidad el MPF y generar con rapidez en la sociedad civil hábitos autoformativos y participativos de naturaleza ecociudadana.

PAUTA/ecociudadana universitaria

Pauta/ecociudadana promovida y organizada en estrecha colaboración entre centros universitarios y organizaciones civiles.

Proceso de desagregación-agregación, proceso D+A

---

[33] *Vid.* Rasilla, L.; *Asociacionismo blando y... op. cit.*

Proceso, inspirado por el principio de desagregación-agregación del quehacer participativo, propio del MPF, mediante el que éste se desagrega fraccionándose en oportunidades PF, que pueden transformarse en impulsos PF para, agregándose o agrupándose complementariamente, generar acciones PF.

Proyecto INTER/SUR, Proyecto INTER/SUR para la innovación política y la ecociudadanía, INTER/SUR
Proyecto no gubernamental de investigación en el ámbito de la ingeniería política y social, autónomo, plural y sin ánimo de lucro, cuyo objeto es la innovación política y educativa y, especialmente, la investigación y la experimentación colectivas de instrumentos alternativos de intervención en los asuntos públicos a escalas local, estatal, regional y global.

Publicidad o transparencia, principio de
Principio operacional del MPF que asegura la publicidad o transparencia permanente del proceso D+A.

Red de participación fraccionada (RPF)
Propuesta de red basada en el MPF, que puede asociarse a la World Wide Web (WWW) para encauzar la senda del presente y venidero *homo ociosus* hacia un ocio autoinstructivo, creativo y vigilante en lo político, orientado a la defensa de la *res pública* global, capaz de contribuir decisivamente a franquear los escollos al ejercicio directo de la ecociudadanía

Republicanismo
De *res publica*, cosa pública; distinta de *res privata* o cosa privada y de *res institutionale* o cosa institucional, viene república. Dícese de la preocupación de la sociedad civil por los asuntos públicos.

Republicanismo global
Republicanismo ejercido con actitud ecociudadana.

Rol variable, principio de
Principio modulador del MPF que incorpora a la IPF la libre elección y en todo momento del papel o rol que deseen desempeñar.

Códigos QR de obras del autor

Pentalogía
El amanecer de una democracia inesperada

I parte

Puedo, puedes... ¿podemos?
¿Innovación política o populismos?
Luis de la Rasilla

PUEDO, PUEDES... ¿PODEMOS? trata de responder a la pregunta ¿fue el Movimiento 15M una oportunidad perdida? O, más exactamente, ¿lo fue para acometer la urgente tarea colectiva de innovar en política? Esto es, ¿de concebir, experimentar y poner a punto nuevos útiles, superadores del modelo obsoleto del partido político, de aprendizaje, iniciativa y control que posibiliten una gobernanza sostenible en el horizonte del ejercicio directo y global de la participación política?

El autor cree que es viable —y explica cómo— afrontar el reto de implementar el decálogo mínimo de funciones exigibles a las herramientas políticas de nueva generación: 1) inducir procesos autoinstructivos eficientes que coadyuven a incrementar exponencialmente la cultura política; 2) desbordar el corsé Estado-nacional de actuación; 3) autogenerar las imprescindibles condiciones de autonomía y pluralismo; 4) precisar escasa o nula necesidad de institucionalización; 5) flexibilizar los procesos asociativos incorporando todo hecho asociativo imaginable, desde el más institucionalizado y permanente, hasta el más espontáneo, informal y transitorio; 6) dinamizar el quehacer participativo; 7) prescindir de todo tipo de militancia o membrecía en beneficio de la condición de usuario; 8) socializar el protagonismo político tornando innecesarios los liderazgos al uso basados en la asunción exclusiva de la iniciativa, la dirección y la representación por uno o escasos dirigentes; 9) admitir en su seno la cohabitación de enfoques y de actuaciones pluridireccionales, incluso antagónicas; en fin; 10) potenciar el carácter virtual de la acción política —en red, pero no enredados—, minimizando el componente asambleario y callejero. Y eso gracias al modelo de participación fraccionada. ¿Participación fraccionada? Sí, una innovadora técnica asociativo-decisional basada en la acción combinada de determinados principios (desagregación-agregación, cooperación, complementariedad, publicidad, conectividad, afectación directa, ecociudadanía, aquiescencia pactada, cohabitación cooperativa, rol variable, liderazgo abierto, confidencialidad, ecociveocio y ecociveturismo). Constituye una propuesta autoinstructivo que propicia una nueva dimensión del asociacionismo (asociacionismo blando) y de la participación (participación a la carta) para reforzar la democracia, facilitar su ejercicio y extenderlo más allá del ámbito Estado-nacional. Dado que opera merced a la generación permanente de procesos abiertos y espontáneos de agregación sucesiva de impulsos complementarios de participación, esta técnica también podría denominarse 'participación sucesiva', 'participación agregativa' o 'participación por impulsos complementarios'.

II parte

Pasota o implicado
Construyendo la ecociudadanía del futuro.
Luis de la Rasilla

PASOTA O IMPLICADO desarrolla la estrategia, anunciada en PUEDO, PUEDES... ¿PODEMOS? (Kindle, Amazon, 2017), concebida para propiciar los imprescindibles procesos colectivos de información, reflexión, experimentación y puesta a punto de la técnica asociativo-decisional de la participación fraccionada. Tres propuestas inéditas, íntimamente interrelacionadas, para la autoformación y la acción políticas a gran escala en el horizonte del ejercicio directo de una inusitada nueva democracia: *OpTA, PAUTA/e 3.0 y WIKIACCIÓN.*

    OpTA (Optimiza tu aptrendizaje) es una iniciativa provocadora que propone una medida de choque expeditiva, un brusco golpe de timón que aspira a contribuir a encauzar la sociedad hacia un futuro expectante. En concreto, la aplicación del principio docente de plena competencia interuniversitaria. Un principio, capaz de actuar per se cómo potente y eficaz revulsivo de una docencia agotada, que liberaría cantidades ingentes de recursos humanos y materiales susceptibles de reasignarse, con criterios innovadores, entre los tres vértices del triángulo del conocimiento —educación, investigación e innovación—. Una vuelta de tuerca al ejercicio de la libre competencia que daría paso a un nuevo derecho de docentes y discentes y posibilitaría el desembarco de las interuniversidades abiertas: las auténticas estrellas del futuro mercado de enseñanza superior con sus atractivos y accesibles campus virtuales especializados. Campus virtuales complementados con un nuevo modelo de presencialidad —reducida, pero más intensa, útil, plural y gratificante— asociado a la inevitable creación en los actuales campus de atractivos espacios y ambientes de convivencia y de enseñanza-aprendizaje abiertos no sólo a sus exiguos destinatarios tradicionales, sino a otros muchísimos usuarios potenciales hoy excluidos de las aulas universitarias. Una propuesta-revulsivo, necesitada de un profundo proceso de estudio, reflexión y debate colectivos, a la que se opondrán escandalizados los responsables gubernamentales, los dirigentes universitarios y la gran mayoría bernamentales, los dirigentes universitarios y la gran mayoría del profesorado puesto que, de una vez por todas, pondría el punto final a la universidad... que conocemos.

PAUTA/e 3.0 —acrónimo de plataforma 3.0 de autoformación y acción ecociudadanas— es una modalidad de herramienta *suis generis* de aplicación experimental de la participación fraccionada a la autoformación y a la acción ecociudadanas. Consta de un conjunto articulado de soportes especializados de libre utilización por un número de participantes potencialmente ilimitado. Concebida para desencadenar, a partir de un determinado umbral de intervinientes, procesos autoexpansivos exponenciales garantes de su propia continuidad, autorenovación y autofinanciación tiene la doble finalidad de posibilitar la experimentación y el desarrollo cooperativo de la participación fraccionada y aplicarla a la enseñanza-aprendizaje y al ejercicio de la ecociudadanía. Es una propuesta abierta que, de acometerse de manera generalizada, pondría a disposición de la sociedad un potente instrumento para estimular a gran escala hábitos permanentes de aprendizaje y de comportamiento ecociudadanos.

WIKIACCIÓN: Si wikipedia es una popular enciclopedia virtual colaborativa de libre acceso, WIKIACCIÓN aspira a ser una especie de enciclopedia de la acción o soporte global interactivo dirigido específicamente a facilitar el ejercicio de la ciudadanía mundial o ecociudadanía, mediante la puesta a disposición de los ecociudadanos de una exhaustiva y sistemática recopilación de propuestas de acción. Una invitación a asumir el reto colectivo de construir colaborativamente una agenda global de la acción ecociudadana. Algo imprescindible para la generalización de esa nueva modalidad de la ecdótica: la EDIACCIÓN que abrirá el camino a la actoescritura y, por ende, a la actolectura.

IV parte

El fin de la universidad… que conocemos
Luis de la Rasilla

¿Qué hacer ante una institución corroída y abusada, compuesta por un conglomerado estanco de 84 universidades —50 públicas— en las que cursan sus estudios casi un millón y medio de estudiantes, en tantos aspectos cautivos, que aún no parecen constituir la principal preocupación de la mayoría del profesorado?

Esta propuesta provocadora propone una medida de choque expeditiva, un brusco golpe de timón que encauzaría nuestra universidad hacia el futuro. En concreto, complementar la tan cacareada movilidad estudiantil con una inédita libre movilidad total de asignaturas mediante la aplicación del principio docente de plena competencia interuniversitaria. Un principio, capaz de actuar per se cómo potente y eficaz revulsivo de una docencia agotada, que liberaría cantidades ingentes de recursos humanos y materiales susceptibles de reasignarse, con criterios innovadores, entre los tres vértices del triángulo del conocimiento: educación, investigación e innovación. Una vuelta de tuerca al ejercicio de la libre competencia que daría paso a un nuevo derecho de docentes y discentes y posibilitaría el desembarco de las interuniversidades abiertas: las auténticas estrellas del futuro mercado de enseñanza superior, con sus atractivos y accesibles campus virtuales especializados.

Campus que, lejos de acabar con la convivencia estudiantil y la irrenunciable relación presencial profesor-alumno, las modificaría, revitalizándolas enormemente. Se abriría paso un nuevo modelo de presencialidad —reducida, pero más intensa, útil, plural y gratificante— asociado a la inevitable reconversión de los actuales campus en atractivos espacios y ambientes de convivencia y de enseñanza-aprendizaje complementarios de la docencia virtual. Opción, además, socialmente mucho más rentable, ya que estaría abierta no sólo a sus exiguos destinatarios tradicionales, sino a otros muchísimos usuarios potenciales hoy excluidos de las aulas universitarias. Una propuesta-revulsivo, necesitada de un profundo proceso de estudio, reflexión y debate colectivos, a la que se opondrán escandalizados los responsables gubernamentales, los dirigentes universitarios y la gran mayoría del profesorado. De ahí que su viabilidad dependa esencialmente de la actitud que adopten los estudiantes y de su capacidad para movilizarse y convencer a la sociedad de la necesidad de poner punto final, de una vez por todas, a la universidad... que conocemos.

De la edición a la ediacción
En la senda de la actoescritura y de la actolectura
Luis de la Rasilla

Ediacción? Vocablo que aporta a la literatura, y a la escritura en general, una función inédita e insospechada inductora de la inexorable transición hacia la actolectura generalizada del futuro. Función que presupone la incorporación de adelantos por venir en el ámbito de la ingeniería política y social hoy inimaginables. Original simbiosis entre literatura y política que, al abrir de par en par las puertas a la actoescritura, condicionará el hecho mismo de escribir y de editar. Un devenir generador de tal empoderamiento ecociudadano que tornará obsoleta toda democracia conocida. Y por ello, con toda probabilidad, subversivo para la gran mayoría de la pléyade creciente de escritores convencionales, de la maraña editorial que les sustenta y, sobre todo, para los sectores de poder tradicionalmente recelosos de la generalización e intensificación exponencial de procesos de autoformación y acción ecociudadanos.

Urge, pues, promover aulas libres de actoescritura y de actolectura que fomenten la ediacción y generen nuevos y sostenibles empleos en el ámbito de la educación y de la cultura. Algo que será plenamente viable cuando: a) se generalice el uso de soportes lectores y comunicadores que reproduzcan y permitan activar diligentemente los símbolos-hipervínculos específicos incorporados a los textos ediaccionados; y, sobre todo, b) proliferen en Internet potentes aplicaciones de *software* de recopilación y agregación colaborativa de oportunidades de acción. Y es que los actoescritores, además de diccionarios y enciclopedias —Wikipedia, entre ellas— necesitarán apoyarse en este recurso que denomino genéricamente wikiacción o agenda global para la acción.

La cooperación al subdesarrollo de Guinea Ecuatorial
Oportunidades perdidas y propuestas frustradas en la década de los ochenta. Relato documentado de un cooperante
Luis de la Rasilla

España, el país "sin fuerza para litigar", que en el París bullicioso de los albores del siglo XX apenas pudo salvar algunos jirones de sus viejas posesiones en el Golfo de Guinea, reaparece, a punto de finalizar el milenio, en el París amigo y socialista del ocaso, sin credibilidad para... cooperar.

Relato documentado: a) de un nuevo fracaso en África por la probada incompetencia de los Gobiernos de época; b) de cómo la opinión pública fue reiteradamente engañada por los sucesivos responsables gubernamentales y, en general, por una clase política que, a pesar de las abrumadoras denuncias de los medios de comunicación y de la evidencia de los hechos, tardó nueve años en decidir la constitución de una Comisión Parlamentaria que, a pesar de las maniobras de su presidente para evitarlo, constató el fracaso; c) de la pertinente denuncia ciudadana ante la opinión pública y las Cortes; d) de la inaceptable actitud de los políticos españoles ante un tema demasiado complicado e insignificante como para permitir que se interpusiera en sus carreras; e) de cómo se toleró el rebrote de los viejos hábitos coloniales que hicieron el juego a grupos minoritarios que manejaron sin escrúpulos los hilos de la política de cooperación con total impunidad; f) de la malversación del dinero del contribuyente, con el agravante de causar perjuicios irreparables a los destinarios de los fondos de ayuda al desarrollo —un pueblo que estaba y sigue estando en la miseria—; g) de cómo los nuevos demócratas, sin la existencia de un estatuto del cooperante, impusieron fácilmente el silencio a los testigos cualificados, represaliando y violando los derechos constitucionales de quienes se atrevieron a denunciar los hechos; h) del relevo de España por Francia en Guinea Ecuatorial como fórmula para salvaguardar in extremis los intereses occidentales dominantes en la zona; i) de la pérdida de toda credibilidad para cooperar al desarrollo; j) de las oportunidades perdidas tras el abandono de la estrategia que se plasmó en el frustrado Pacto de Madrid para la Democratización y el Autodesarrollo de Guinea Ecuatorial, de marzo de 1989; en fin, k) de la responsabilidad en ello del presidente González Márquez y de los ingenuos dirigentes de la oposición ecuatoguineana que se dejaron embaucar.

Plataforma multimodal de interconexión civeturística y ocupacional
Luis de la Rasilla

Una plataforma multimodal de interconexión civeturística y ocupacional puede definirse como soporte viario integral y permanente de la movilidad multimodal, inducida por una oferta civeturística interconectada, en un área espacial concebida como unidad pluritemática de esparcimiento y aprendizaje.

El origen de la *Plataforma multimodal de interconexión civeturística y ocupacional* (en adelante *PMICO*) es la propuesta de *Red costera multimodal de interconexión turística integral de la franja litoral de la provincia de Huelva*, (RCM) incluida en el *Estudio previo de los accesos al corredor litoral occidental onubense y mejora de la conectividad interna* que, a finales de los noventa, la Consejería de Obras Públicas de la Junta de Andalucía encargó a *INYSUR, S.L.*

Dos décadas después, *PMICO*, concebida en el contexto coyuntural de la crisis provocada por la COVID-19 y en el horizonte de la ineludible transición global a la sostenibilidad, rediseña *RCM* y la reformula como plataforma-tipo susceptible de activarse gradualmente en cualquier área espacial que opte por ofertarse como unidad pluritemática de esparcimiento y aprendizaje. Una plataforma sui géneris, cuyo diseño, puesta en marcha y ejecución piloto bien podría tener lugar en la Comunidad Autónoma de Andalucía, tanto litoral, como interior, en el ámbito del futuro Plan General de Turismo Sostenible de Andalucía META 2027.

Como aquella —y esto es esencial para su correcta comprensión— se inspira en el modelo o técnica asociativo-decisional de participación fraccionada (*MPF*). Modelo que, tras apuntar el papel crucial que en el futuro, ¿qué futuro?, desempeñará el creciente fenómeno del ocio en la profundización de la democracia, apuesta por comenzar a incorporar el componente cívico de manera natural y sugerente en los hábitos de ocio placentero de los seres humanos, en especial en el ámbito de la movilidad asociada a los desplazamientos geográficos y al turismo. Algo, dicho sea de paso, que va bastante más allá de lo que propone el denominado turismo experiencial o turismo de experiencias.

Eurídice y yo
Rumbo a una democracia inexplorada
100 ideas y propuestas inéditas
Luis de la Rasilla
2021

En plena pandemia de la COVID-19, ante la insólita oportunidad, ¿perdida?, de una forzada experimentación, a escala mundial, de enseñanza virtual, *on line* o a distancia, el autor riza el mito de Orfeo. ¿Cómo? Transformando al tracio en sigla de *ordenación racional y flexible de una educación obsoleta* e invitando a Eurídice, ahora seductor y turbador *acrónimo de estudiante universitari@ rehén inerme de una docencia insostenible carcomida por la endogamia*, a reflexionar sin cortapisas. Y a hacerlo imaginativamente sobre el presente y el futuro de la universidad, el papel decisivo de los estudiantes y la urgencia de potenciar exponencialmente el empoderamiento ciudadano de la mano de una democracia, aún inexplorada, que deje de pivotar sobre el disfuncional juego trucado de los partidos políticos.

Cavilación sin reserva ante un creciente sinsentido en pleno apogeo de la sociedad del conocimiento: el tozudo e interesado empeño de las universidades convencionales en que su alumnado malgaste su tiempo y su dinero asistiendo a interminables horas de clases presenciales en aulas atestadas. Rutina, en muchísimas ocasiones infructuosas y siempre, salvo en los supuestos de prácticas inevitables, sustituibles por modalidades de enseñanza-aprendizaje más fructíferas e infinitamente menos manirrotas con los escasos recursos humanos, materiales y medioambientales disponibles.

¿COVID-19 *versus* UNIVERSIDAD? En efecto. La primera, al alertar de cómo las nuevas tecnologías tientan al poder para asegurarse el control de los individuos; la segunda, por constituir la fuente esencial del empoderamiento ciudadano. Proceso personal éste, único antídoto eficaz frente a la vigilancia totalitaria, que parte de la toma de conciencia de la realidad, arranca con la motivación para mejorar la sociedad, se nutre de información veraz, crece con la educación y la capacitación crítica y se manifiesta en el ejercicio responsable, individual y/o colectivo, de la ciudadanía.

De ahí la irrenunciable apuesta por forzar lo antes posible un inédito escenario de coordinación interuniversitaria que provea, en un contexto de creciente demanda mundial, una oferta de enseñanza superior de máxima calidad, mínimo coste, alta flexibilidad y fácil acceso, que libere las ingentes cantidades de recursos necesitados por la investigación y la innovación. Algo que sólo puede lograrse asestando un corte de cizalla a la cadena monopolística que sustenta todo sistema universitario conocido: el privilegio ancestral que constituye el derecho exclusivo de cada universidad a enseñar, evaluar y acreditar para el ejercicio profesional.

La reglamentación jurídica de la enseñanza superior debe estructurarse en torno a un nuevo eje vertebrador presidido por el *principio docente de plena competencia interuniversitaria* (PDPCI). Un precepto revolucionario capaz de inducir por sí sólo beneficiosos escenarios de intensa coordinación interuniversitaria global. Una deliberada vuelta de tuerca al ejercicio de la libre competencia en el ámbito de la enseñanza superior que dará paso a un nuevo derecho del estudiante: la libertad real de elegir, en cualquier tramo del itinerario formativo, más de un centro académico para cursar, simultáneamente o no, cuantas materias, asignaturas o módulos formativos integren los planes de estudio de titulaciones disponibles en el nuevo mercado interuniversitario, en condiciones de equivalencia homologada. Insólito derecho que inducirá *per ser* el competitivo desembarco de interuniversidades abiertas y agencias oficiales de titulación profesional que alentarán hasta límites insospechados una nueva movilidad virtual.

Realidad que, lejos de acabar con la convivencia estudiantil y la irrenunciable relación presencial profesor-alumno, las modificará, revitalizándolas en grado sumo gracias al modelo de presencialidad que se generará. Sí, una presencialidad reducida, pero más intensa, útil, plural, igualitaria y gratificante, asociada a la inevitable reconversión, auto inducida por el PDPCI, de los actuales campus en atractivos *ambientes de convivencia y aprendizaje complementarios* de la docencia virtual (ACACOs). Espacios dotados, entre otros recursos, de *plataformas para la autoformación y la acción ecociudadadanas* (PAUTA/e 3.0) de insospechado impacto social por, entre otros beneficios, abrir también sus puertas a innumerables usuarios potenciales, hoy interesadamente excluidos de las aulas universitarias.

Apuesta ésta que, por prometedora que pudiese resultar, es a todas luces inviable sin la socialización generalizada en términos de sociedad internacional o global —el tránsito individual y colectivo de la ciudadanía a la ecociudadanía—. Una tarea colectiva de tal envergadura que resultará inabarcable sin el diseño y la puesta a punto de útiles políticos de nueva generación capaces de substituir la democracia disfuncional que gira en torno al juego trucado de los partidos políticos por una democracia ecociudadana que debe ser directa: excepcionalmente representativa.

¿Cómo hacerlo? Mediante la concepción, experimentación y puesta a punto de herramientas políticas de nueva generación capaces de inducir procesos auto instructivos eficientes, desbordar el ámbito estatal de actuación, autogenerar autonomía y pluralismo, precisar escasa o nula institucionalización, flexibilizar los procesos asociativos, dinamizar el quehacer participativo, prescindir de todo tipo de militancia, socializar el liderazgo político, admitir la cohabitación de enfoques y actuaciones dispares y transformar la inacción en activismo político consentido. Reto, como el autor le explica detalladamente a la paciente Eurídice, al alcance de su propuesta, de hace más de dos décadas: el *modelo de técnica asociativo-decisional de participación fraccionada (MPF), participación sucesiva, desagregativo-agregativa o por impulsos complementarios*. Ni más, ni menos.

Noticia de un amanecer fugaz.
Luis de la Rasilla

En 2012, entre la radiante primavera de Sevilla, cuando el azar de azahar que revoloteaba el campus se posó inopinadamente en ella, y el fascinante otoño de Nueva Inglaterra —de cielos con nimbos de tormenta—, se sucede un reguero de lances al socaire del hechizo romántico que atrapa a un profesor y a una joven y encantadora periodista. Él, Álvaro —un francotirador que, metamorfoseado en impetuoso y solitario gladiador, ya se embosca tras la gigantesca ceiba, ya salta a pecho descubierto a la arena—, más atento al futuro que al pasado; ella —de cautivadora sonrisa y fino deje sevillano—, a ambos. Él, obsesionado con el incierto futuro de la democracia directa y del federalismo global, se aventura con un grupo de universitarios en los Andes, la Amazonía y el Pacífico para debatir con ellos sus ideas; ella —Tere para todos, para él Teresa—, alborozada en el enigma, se empeña en hurgar en las nuevas heridas infligidas, en los años ochenta, a un pueblo pluriétnico —ahora señor, por supuesto, mas esclavo de la geografía artificial y dispersa de los que antaño fuesen territorios españoles del Golfo de Guinea— sometido a una tensión inaudita entre la golosina y los ancestros.

Una crónica a dos voces que arranca con el sacrificio de una misionera española —universitaria inteligente y honesta, asesinada, ante la indiferencia del Gobierno y de las Cortes, por haberse atrevido a vencer la complicidad del silencio— y la desaparición de la niña testigo. Discurre entre las reflexiones —bajo la carpa blanca, apostada frente a la inmensidad del Atlántico, de los Cursos de Verano de Doñana; a bordo del *"Isla de Corisco"*; los salones del Continental de Tánger; a la vera de los bellos fiordos de Noruega; ante las inquietantes fauces del Tungurahua y del Cotopaxi; en el silencio del Sahara; los misterios de la Amazonía o el *portentoso susurro nocturno de la selva africana*— en torno a una nueva ciudadanía global —la *ecociudadanía*—, el inaplazable fin de la universidad que conocemos, las vicisitudes de los refugiados, el horizonte energético, el surgimiento del homo ociosus o la irrupción de los nuevos instrumentos políticos que ni se imaginan los más bienintencionados e ilusos miembros del mismísimo 15M o de Podemos.

Se trata de una trilogía compuesta por *Azar de aza-har*, *Quiebra el albor* y *Despierta la libélula*.

DESPIERTA
la LIBÉLULA
Luís de la Rasilla
2018
III Parte de la trilogía
NOTICIA DE UN AMANECER FUGAZ